Un modelo para fortalecer la cohesión social e inhibir la violencia

(Caso Ciudad Juárez)

Guillermo Alejandro Núñez Estrada- Rubén Borunda Escobedo
Luis Francisco Martínez Ruiz -Víctor Hugo Medrano Nevárez

B SIDES COLLECTION

ISBN: 978-1-948150-36-1

CONTENTS

Introducción

El desarrollo de la organización civil se puede remontar a la época de la cultura griega, en donde *la polis* era un medio de organización civil o construcción del interés público, donde desarrolla un sistema de gobierno como lo fue la incipiente democracia como forma de gobierno del pueblo griego. Posteriormente con la conformación de la sociedad ciudad a través de la *societa civitis,* como otra manera de organización social y manera de gobernar.

En la época de la colonia del virreinato, se presenta el problema de organización social, ya que, en las nuevas tierras colonizadas, y la gran diversidad de culturas indígenas hizo que la Iglesia Católica fomentara nuevas formas de organización, de tal manera que, a través de las órdenes religiosas franciscanos, dominicos y agustinos construyeron escuelas, hospitales y atendieron a los grupos vulnerables para mejorar las condiciones de vida en aquella época.

Fue hasta el año de 1985, con el trágico sismo en la Ciudad de México donde a falta de iniciativa organización Gubernamental, de manera espontánea y solidaria los ciudadanos se organizaron para trata de salvar a las personas que se encontraban por debajo de los escombros.

De esta manera, surgen los grupos de la sociedad civil, que buscan resolver los problemas que el gobierno no puede o no quiere resolver, y ya de una manera organizada se enfocan a resolver problemas muy específicos de la sociedad. No sin antes mencionar a las organizaciones no gubernamentales que conforman otro bloque de la sociedad para exigir a los gobiernos democratización en todas sus actividades.

Así es que, de esta forma, la sociedad civil participa activamente en la solución de sus problemas, buscando incidir en la sociedad para mejorar la condición de vida de la comunidad, sobre todo cuando son afectados por factores, como la delincuencia, las adicciones, la violencia, entre otros problemas que son consecuencia de los anteriores.

De tal manera, la implementación de este proyecto crear un modelo cuya misión es promover la participación y acciones positivas de la ciudadanía a través de la sensibilización en la solución de sus problemas, dotándolos de las herramientas necesarias para generar condiciones que le permitan dignificar, mejorar su entorno y el tejido social, fomentando el desarrollo, la responsabilidad social, la inclusión de los sectores vulnerables, los derechos humanos, la democracia, la cultura de la legalidad y la vigencia del Estado de Derecho en México, promoviendo la interacción social y comunitaria, para fortalecer la cohesión social e inhibir la violencia social y delincuencia en la zona Suroriente de Ciudad Juárez.

Antecedentes

Origen de las Organizaciones de la Sociedad Civil

El llamado "Tercer Sector o sin fines de lucro" está conformado por instituciones que desde su campo de acción han contribuido por décadas al desarrollo de México, promoviendo e impulsando la atención a diversas problemáticas que los gobiernos en turno no atienden.

Al hablar sobre Organizaciones de la Sociedad Civil, debemos partir del término castellano de *sociedad civil* que proviene del latín *societas civilis*. Etimológicamente, la sociedad civil, no es otra cosa que una sociedad ciudadana.

El latín *societas civilis* proviene de la traducción directa del griego *koimona politike,* la cual se podría definir como la asociación de individuos de una ciudad. De acuerdo con lo que manifestaba el filósofo y político Aristóteles, el ser humano es un aminal social por naturaleza.

Durante el siglo V a. C., nace en Atenas sistema el político de la democracia, el cual tiene su base en ser un gobierno del pueblo. En el mismo siglo V, San Agustín definía a la sociedad civil como "la reunión de personas asociadas por el reconocimiento común del derecho y de intereses comunes" (Olvera, 2009).

En la antigua Grecia se tenía la visión que el ciudadano participaba en la construcción de la *polis*, y por lo tanto, siempre estaba interesado en las cosas públicas. En **La Política de Aristóteles,** se idealiza la democracia ateniense, pero hace hincapié en la participación ciudadana. En el siglo XIII, Santo Tomás de Aquino planteaba la idea de que la sociedad civil era juzgada por una norma superior que no puede estar por encima de los principios generales de la ley humana.

Thomas Hobbes, fue el primero que relato la sociedad civil como un estado jurídico de individuos los cuales se encontraban "vinculados". Hobbes, hizo un gran aporte al concepto de sociedad civil, de acuerdo con la teoría de las leyes naturales en donde se define al Estado como el protector y garante de la libertad, seguridad y el bienestar de los individuos, y es presentada la preeminencia ética y ontológica de la sociedad civil frente al Estado (Strauss, 2006).

Desde aquel entonces, ha sido evidente la existencia de grupos de poder y su forma de operar era muy similar al sistema actual de partidos políticos, por lo cual, al momento de la toma de decisiones se imponía la mayoría, pero no era en si lo que realmente necesitaba la ciudadanía.

Época colonial.

En la época colonial, la Iglesia Católica fue la que fomento el desarrollo de primeras Organizaciones de la Sociedad Civil. A la Iglesia como institución, dentro de sus principales actividades se hacía cargo de brindar asistencia social a los sectores más vulnerables, además de llevar la evangelización entre los pueblos indígenas y de menor desarrollo. Las órdenes religiosas especialmente los agustinos, dominicos y franciscanos, fueron las que realizaron mayor trabajo de naturaleza benéfica.

El concepto moderno de sociedad civil surge desde la Edad Media, a través de la tradición asociativa, con la conformación de cofradías y gremios; con el paso de los siglos, cada vez se fue perfeccionando, adaptándose a las

3

nuevas realidades; a lo largo del siglo XIX se conformaron los sindicatos de trabajadores y asociaciones patronales.

Posteriormente, se dio una forma de expresión un poco más compleja, dando lugar a la formación de los partidos políticos y su principal tarea de competir por el poder.

Durante el siglo XX la tradición asociativa adquiere una notable fuerza a partir de los años setenta y con mayor fortaleza durante los años ochenta, lo anterior debido al surgimiento de una nueva realidad al establecerse las sociedades democráticas.

Década de los años ochenta.

Este período se caracterizó por una reconfiguración del concepto de sociedad civil, ya que en términos generales se planteaba como una crítica a la figura estatal. Fue durante este período, en donde se acuño el concepto de sociedad civil como lo opuesto a la realidad del Estado autoritario. "Desde 1976, la oposición polaca elaboró un discurso centrado en la sociedad civil donde los pares oposicionales parecen haber sido sociedad *versus* Estado, vida pública versus control gubernamental, vida privada versus poder público, orden social versus sistema político". (Cohen & Arato, 2001)

Se puede decir que durante la década de los años ochenta, la sociedad civil era concebida en términos generales como la generación o regeneración de la confianza, lo cual fue pieza clave para lograr la integración social. "Pero en la versión conservadora, la sociedad civil era la trinchera frente al Estado y frente a la política, tendencialmente identificada con el mercado despolitizada e integrada culturalmente" (Centro de Esudios Ecuménicos A.C., 2010)

En muchos países latinoamericanos y en el caso de México se prolongó en el tiempo y espacio las estructuras corporativas y autoritarias, aún y cuando ya se había dado la emergencia de los Estados-Nación bajo la forma republicana. Estos Estados, conservaron durante varias décadas las estructuras de representación y gobierno de un corte autoritario y clientelar. El concepto de sociedad civil ha estado presente en México en el análisis político específicamente en los discursos políticos de transición y alternancia

La tragedia que trajo consigo los sismos en 1985 en la Ciudad de México, fue la aparición del concepto de sociedad civil en la esfera pública mexicana. En aquel entonces, México atravesaba por una crisis económica que se inició desde 1982; Además, el gobierno federal encabezado por Miguel de la Madrid había implementado políticas de austeridad, fundamentando que eran necesarias para hacer frente a la crisis antes mencionada.

Después del terremoto de 1985, la forma de vida en México fue diferente. "En los escombros de la incompetencia gubernamental para atender la emergencia quedó sepultada la resignación de sus habitantes. La catástrofe natural arrasó inmuebles, cegó miles de vidas y precipitó el derrumbe del PRI en la capital. La solidaridad de millones en el rescate de víctimas y en apoyo a las familias afectadas, se transformó en un despertar de conciencias, en un movimiento que logró la reconstrucción de la ciudad desde abajo". (Cuevas, 2005)

Después de la mañana del 19 de septiembre de 1985 en México, nada fue igual. Ese desastre natural dejó huella en la historia de nuestro país, solo por las innumerables muertes, heridos y los cuantiosos daños a estructuras, edificios y viviendas de ciudadanos, sino que también mostro la falta de capacidad del gobierno mexicano. Fueron los mismos ciudadanos quienes se organizaron para sacar de entre los escombros a los cuerpos y sobrevivientes, formaron cadenas humanas para llevar a cabo las tareas de rescate; se podría afirmar que también fueron los inicios del voluntariado en México. "Durante tres o cuatro días hubo un vacío de poder. La gente se encargó de la organización de la ciudad" (Cuevas, 2005).

La academia a través de la Universidad Nacional Autónoma de México (UNAM), también formó parte importante durante este acontecimiento y sentó las bases para estrechar los lazos entre el sector educativo y la sociedad civil.

Los primeros días después de la tragedia las familias afectadas comenzaron a organizarse para llevar a cabo la reconstrucción de sus viviendas, dando lugar a las primeras organizaciones de vecinos, las cuales se reunían en las calles. Con el transcurso de los días, la sociedad mexicana dio muestra de su capacidad de organización, llevando a cabo marchas con más de 30 mil personas, con el objetivo de presionar al gobierno de Miguel de la Madrid para que expropiara predios, créditos baratos para poder reconstruir sus viviendas, así como la reinstalación de servicios de agua y luz. Fue tanta la presión que sintió el gobierno mexicano, que el 11 de octubre de 1985 publicó un decreto expropiatorio, con lo cual se afectó a más de 5 predios e inmuebles para que los afectados del terremoto obtuvieran un terreno o vivienda. "Al día siguiente, tras la marcha, el presidente De la Madrid recibe a los damnificados en Los Pinos. Ahí reconoce el papel de la sociedad civil en emergencia" (Cuevas, 2005).

Por medio de las organizaciones de vecinos se logró la construcción de 45 mil viviendas en el centro de la ciudad, en condiciones accesibles a las familias afectadas por el terremoto. También, se puede afirmar, que fueron los inicios de la pérdida de control tradicional del PRI, ya que aún y estando pasando esa situación tan desagradable, se buscó el clientelismo condicionando la ayuda y lucrando con la desgracia de los afectados. Fue por ello, que los apoyos nacionales e internaciones que se destinaron para construcción y reconstrucción de viviendas, no se hicieron a través del gobierno, sino que se hicieron de manera directa a las organizaciones.

Es importante mencionar que en aquel entonces dichas organizaciones, no se les consideraba tal cual como Organizaciones de la Sociedad Civil (OSC), sino que eran consideradas como Organizaciones No Gubernamentales (ONG).

La sociedad mexicana en aquellos años no solo se enfrentaba a la problemática que trajo consigo el terremoto y la crisis económica, sino que también se encontraba en un proceso de cambios en los aspectos político, social y económico. De manera simultánea se encontraba un proceso de transición de un modelo de Estado a otro, es decir, pasar de un Estado autoritario o un modelo de Estrado democrático y participativo en donde emergen nuevos actores como lo es la sociedad civil organizada, conquistando nuevos espacios de participación tanto en la esfera pública (Estado) como en la esfera privada (sociedad civil). En ese proceso de transición, la sociedad civil organizada tuvo un papel fundamental, ya que, por medio de ella, se planteaban las demandas ciudadanas y se presiona al gobierno para que diera respuesta a las mismas, a través de las instituciones gubernamentales.

La sociedad civil, según Pereyra (1989), se caracteriza por "el conjunto de instituciones creadas por diversos sectores sociales para organizar su participación en la vida pública. El rasgo distintivo es el hecho de que las instituciones incluidas tienen su origen en la sociedad y no en el gobierno de la misma". De acuerdo con el pensamiento de Pereyra (1989) " es la emergente de la ruptura del pacto revolucionario entre sectores sociales organizados y Estado".

Desde la dimensión política de aquel entonces, los partidos

políticos se incluían dentro de la definición de sociedad civil, pero si en todo caso, se les pudiera considerar dentro de la "sociedad civil" serian la parte más débil de la misma. Pero, analizando más a fondo esa inclusión, se les puede considerar en todo caso, como el puente entre la sociedad civil y el poder político.

Década de los años noventa.

A un gobierno autoritario como en el de aquellos años en México, no le convenía que los ciudadanos desarrollarán una capacidad organizativa, ya que no era parte de los intereses del régimen. Pero, con lo sucedido en 1985, la ciudadanía comenzó a organizarse por medio de movimientos y organizaciones sociales.

A días de lo sucedido por los sismos del 19 y 20 de septiembre de 1985, México se encontraba inmerso en una serie de cambios profundos en los aspectos políticos, sociales, culturales, económicos e ideológicos.

En el aspecto político se empiezan a dar una serie de reformas en el sistema político mexicano, lo que de cierta manera ayuda a intensificar la transición de una economía proteccionista a una economía de libre mercado. De forma paralela a las reformas profundas que se dan en nuestro país, se intensifica la movilización ciudadana y van surgiendo día con día de una manera más clara organizaciones de la sociedad civil, las cuales es preciso mencionar, que apoyaron fuertemente la candidatura de Cuauhtémoc Cárdenas a través del Frente Democrático Nacional rumbo a las elecciones presidenciales de 1988.

Derivado de lo anterior, se empezó a constituir una sociedad civil compuesta por nuevas organizaciones de campesinos, de sindicatos independientes al Estado, y en el sector económico, de agrupaciones de empresarios, unas contaban con más asociados que otras, de estudiantes con representaciones regionales y en algunos casos a nivel nacional.

La administración pública de Carlos Salinas de Gortari propició una mayor participación ciudadana, ya que enfrentó grandes problemas de legitimidad desde el inicio de su gobierno, derivado del fraude en las elecciones presidenciales de julio de 1988. Salinas de Gortari opto en aquel entonces por "una política de negociación con el Partido Acción Nacional mediante el cual se pactó la puesta en práctica de una política económica neoliberal radical; de otro, un pacto con algunos grupos y movimientos populares, controlados básicamente por la izquierda maoísta (entre ellos buena parte del movimiento campesino independiente y de la dirigencia del movimiento urbano popular, así como un sector de los intelectuales de la izquierda). Este sector, en el que el presidente tenía amigos de la época universitaria, desarrolló e implementó un programa de política social innovador que recibió el nombre de SOLIDARIDAD". (Olvera, 2009).

El programa impulsado por la administración de Salinas de Gortari, pretendía crear un modelo de participación basado en el ámbito local, ya que cada proyecto debía de conformar un "Comité de Solidaridad". Desde el aspecto organizativo y promoción de la participación ciudadana, parecía ser un buen programa, pero lamentablemente "el presidente Salinas utilizaba las redes creadas mediante esta política para tratar de crear una base social paralela a la del partido oficial, el PRI, que vivía ya su decadencia, y que en buena medida se oponía al proyecto neoliberal. Salinas trataba así de modernizar las bases sociales del régimen autoritario y sobrepasar los órdenes corporativos que, para todo fin práctico, habían dejado de tener las capacidades de movilización y de control político reales de antaño". (Olvera, 2009).

La izquierda mexicana a través del Partido de la

Revolución Democrática (PRD), aprovecho de cierta manera los movimientos sociales por medio de una política contestaria que llevo el conflicto político al terreno de las post-electorales en todo el país. Grandes movimientos sociales que surgieron derivados del fraude en las elecciones presidenciales quedaron lamentablemente atrapados en un ciclo de confrontació0n entre del gobierno y el PRD; es decir, convirtieron las luchas sociales a luchas electorales.

En tanto se presentaba este clima de confrontación entre el PRI (gobierno) y el PRD, algunos líderes sociales optaron por no ser parte de ello y mejor preocuparse y ocuparse en crear una verdadera presión social a favor de la democracia, pero dejando muy en claro su lugar desde fuera del sistema político.

Durante esta década surgieron redes nacionales de Organizaciones No Gubernamentales como Convergencia de Organismos Civiles por la Democracia, la Red de Derechos Humanos por Todos los Derechos para Todos, movimientos ecologistas e ideológicos.

Durante esta década es cuando se comienza a dar la mediación entre los movimientos que fueron surgiendo debido a las diversas circunstancias que se fueron presentando tanto lo relacionado con los damnificados de los sismos del 1985, así como la exigencia de las diferentes demandas en el ámbito laboral y exigencias de demandas dirigidas al gobierno. "Los partidos son considerados como parte de la sociedad civil, y en México, como la parte más débil que debe ser fortalecida", pese a lo anterior, el sistema de partidos no da respuesta desde aquel entonces a las necesidades reales de la ciudadanía.

Desde el campo académico también van perfilándose versiones más contundentes con respecto al concepto de sociedad civil. Por medio del neomarxismo se "estiliza el aporte de diferentes tradiciones teóricas para dibujar una teoría de la sociedad civil que reconoce la diferenciación estructural y la autonomía de los sistemas político y económico y ubica por ende a la sociedad civil en un espacio delimitado frente al Estado y al mercado" (Centro de Esudios Ecuménicos A.C., 2010).

Continuando desde la perspectiva académica y sobre todo en organismos internacionales, otro concepto que fue teniendo mayor presencia fue el de *capital social*. Los economistas le han dado diferentes significados, desde el capital destinado a la prestación de servicios, la inversión pública y el valor de las relaciones sociales. Para Pierre

Bourdien (1970), el capital social "es el agregado de los actuales o potenciales recursos que están relacionados con la posesión de una red perdurable de relaciones más o menos institucionalizadas de conocimiento y reconocimiento mutuo -en otras palabras, con la pertenencia a un grupo- que le brinda a cada uno de los miembros el respaldo socialmente adquirido una credencial que le permite acreditarse, en los diversos sentidos de la palabra". De acuerdo con lo estipulado por Bourdieu, por medio de la formulación de estrategias de inversión tanto de manera individual como colectiva, se da como resultado las redes de relaciones, y con ello, se puede establecer relaciones en el corto y largo plazo.

James Coleman (1990) "define el capital social en términos funcionales, es decir, no por lo que es sino por las funciones que desempeña: la función definida por el concepto de capital social es el valor que tienen para los actores aquellos aspectos de la estructura social, como los recursos que pueden utilizar para perseguir sus intereses" (Gonzalo, 2002).

Según Coleman (1990), inicialmente no pretendía que el concepto de capital social, fuera la base de la organización social tan solo buscaba mostrar que solo en determinadas circunstancias ciertos aspectos de la estructura social adquieren carácter de recursos. De cierta manera, la organización social se puede considerar como capital debido a que las instituciones y el sistema de instituciones tienen como características que son estables y duraderos en el tiempo y frente a fenómenos y variables económicas.

Fue hasta 1997 que a nivel federal se dio una nueva oleada de experimentación participativa con el nuevo diseño del entonces Instituto Federal Electoral (IFE), la cual permitió una participación más activa de los ciudadanos a través de esta institución autónoma del aparato burocrático y favorecía el llevar a cabo elecciones más transparentes y democráticas.

Con el impulso a las reformas electorales, se inicia a promover una hegemonía entre la sociedad civil y el Estado, enfrentándose aún a un autoritarismo, lo cual pasa a ser una tarea de la sociedad civil durante la transición que distingue gobierno y partido de Estado por un lado, y Estado democrático de derecho por otro.

La transición partidista y gubernamental en el 2000.

Para el año 2000 México, se enfrenta de nueva cuenta ante cambios en el aspecto político, social y económico. Este año marco un parteaguas en el escenario político, ya que fue el umbral del siglo XXI con la llegada de la alternancia y transición política; se da de manera muy marcada el declive del sistema presidencialista, así como el término de la hegemonía en la Presidencia de la República del PRI.

Las nuevas condiciones obligan a los diferentes actores políticos a la búsqueda de alianzas y acuerdos con diversos liderazgos políticos, económicos, pero sobre todo líderes sociales con el objetivo principal de contribuir al avance democrático.

La sociedad civil posee una identidad propia, ya que se le distingue del Estado, del sector económico, de las fuerzas armadas y de Iglesia, aunque de esta última institución es de donde se podría decir que surgieron las primeras obras de caridad y de asistencia social. La sociedad civil frente al Estado, en ocasiones se le asocia con la idea de contrapoder frente a los sistema de gobierno y administraciones públicas

Definiciones básicas entre ONG´s y Tercer Sector.

En años recientes el concepto de *sociedad civil* ha sido recuperado tanto en Occidente, como en Europa y América Latina. En México, ha venido acompañado de conceptos como Organizaciones No Gubernamentales (ONG) y el de Tercer Sector, los cuales han llegado a usarse de manera indiferente para hacer alusión a la sociedad civil, pero cada uno de ellos posee sus propias características y alcances.

"Un sector de la opinión pública ha acotado simbólicamente el significado de sociedad civil, limitándolo al campo de las Organizaciones No Gubernamentales y de algunos grupos de ciudadanos que luchan por la democracia" (Red Mexicana de Investigadores sobre Organismos Civiles , 1996).

Las diferentes connotaciones que se le han dado al concepto han sido el principio de la autonomía de la sociedad civil con respecto al sistema político, y legitimar en la esfera pública el espacio de estas agrupaciones. A lo largo de los años el debate sobre el concepto de sociedad civil y sus alcances, ha generado un análisis profundo; "En cuanto a las ONG, ha habido, mucha ambigüedad conceptual y se han difundido múltiples trabajos desde los organismos internacionales y las propias organizaciones que enfatizan su voluntarismo, disposición de la participación y funcionamiento democrático" (Rodríguez Cardozo, 2017).

Una concepción concibe a la sociedad civil como un tercer sector, es decir como aquel conjunto de organizaciones que proveen de diversos servicios y asistencia social, con lo cual se constituye un tercer sector de actividad aparte del económico y del Estado.

Análisis del Sector de Estudio

En el Norte de la República Mexicana se encuentra Ciudad Juárez, Chihuahua; los estados colindantes son Sonora, Sinaloa, Durango y Coahuila. Es una frontera localizada a las orillas del rio Bravo y tiene como vecina a la ciudad estadounidense del Paso Texas.

Ciudad Juárez en el transcurso del tiempo, ha sido la frontera más importante del Estado de Chihuahua y era conocida como "Paso del Norte" con un total 1,428,508 habitantes según datos estimados de Plan Estratégico Juárez.

La tasa bruta de natalidad en Juárez es menor que la que se registra a nivel nacional e incluso estatal. Mientras que en el país hay 18.3 nacidos vivos por cada mil habitantes y en el estado, 17.4, en el municipio hay 16.5. Con el paso de los años, esta tasa ha ido en disminución. La tasa de mortalidad infantil descendió en el municipio, aunque todavía se encuentra por encima de la media nacional: en el país se registran 10.8 defunciones de niños menores de un año por cada mil habitantes y en el estado son 13.7. En Juárez son 11. Según el INEGI, en 2016 se registraron 6 mil 584 defunciones. La cifra había subido en 2014 a 7 mil 490, de los 7 mil 340 del 2013, y ha ido en decremento desde entonces. Por cada 100 defunciones de mujeres, se registran 112.81 de hombres. Pese a que en 2015 la cantidad de matrimonios en Juárez subió un 11.73 por ciento en comparación con 2014 (pasó de 7 mil 209 a 8 mil 167) este año descendió hasta 7 mil 54. Aunado a ese decremento, los divorcios registrados representan una tasa de 49.05 parejas divorciadas por cada 100 unidas en matrimonio (Así estamos Juárez, 2018).

Dicha ciudad ha sido el auge en la industria maquiladora, actualmente posee una cantidad considerable de parques industriales (más de 40), así como más de 300 maquiladoras, considerando que algunas de estas son extranjeras y debido a que la ciudad es fronteriza, la exportación de productos e importación de estos es en su mayoría de y para Estados Unidos.

21

Con relación a esto último, las maquiladoras empleaban sólo a mujeres, ya que deducían que estas eran más disciplinadas en el trabajo, pasado el tiempo también se empleó a hombres, hoy en día la mayoría de las maquilas tienen empleados tanto de mujeres como de hombres. De aquí se deriva que las personas de diversas culturas se han establecido en la ciudad.

De acuerdo con datos del Instituto Nacional de Estadística y Geografía, a diciembre de 2012, Ciudad Juárez registró 194 mil 657 empleos en el sector maquilador, por lo que lidera en el país. Siendo una fuente de empleo, diversos individuos migraron a la Ciudad, conllevando a la urbanización. A causa de esto distintas empresas constructoras vieron la oportunidad de crear nuevos fraccionamientos.

En base a indicadores de calidad de vida se ha catalogado la ciudad en diferentes zonas de atención prioritaria llamadas polígonos. Esta clasificación fue elaborada para facilitar el trabajo de las diversas organizaciones gubernamentales y no gubernamentales para tratar los problemas que aquejan a la población que allí radica. Las zonas que fueron designadas como polígonos también son las mismas que ahora presentan mayores índices de delincuencia, en especial en homicidios dolosos. Los polígonos que mayor traslape presentan con las colonias con mayor índice de homicidio doloso son el B y el C.

El polígono B lo conforman 21 colonias ubicadas en el sur poniente de Ciudad Juárez. Esta zona se caracteriza por contar con una trama urbana irregular por el hecho de contar con gran parte de los asentamientos que se han realizado de forma irregular y en zonas de alto riesgo, ya que la ubicación de esta zona es en la parte accidentada de la ciudad. Las viviendas en su mayoría se han realizado mediante la autoconstrucción, es por esto y la ubicación de estas que se puede presentar un déficit en los servicios públicos en este polígono.

El polígono C lo conforman 36 colonias ubicadas en el suroriente de Ciudad Juárez. Esta zona se caracteriza por contar con una trama urbana regular, ya que la mayoría de este sector fue entregado por desarrolladores de vivienda. Por lo que el déficit de servicios públicos puede ser muy bajo o casi nulo en este polígono.

En este mismo sentido, Ciudad Juárez es una localidad emblemática de la violencia en las últimas décadas, lo cual es un problema muy grave y generalizado que afecta a gran parte de la población, dentro de las causas se encuentra la venta de narcóticos a bajo costo por grupos del crimen organizado, feminicidios, secuestros que ha aumentado de manera muy rápida en la ciudad. Años atrás, Ciudad Juárez, Chihuahua fue clasificada como una de las ciudades más peligrosas e inseguras de México y su percepción se replicó a nivel mundial no solamente por su tasa de homicidio doloso, sino también por sufrir tasas muy elevadas de otros delitos violentos, denotando crisis sociales y colapsos institucionales en varios campos sociales. Aunque en la última medición de 2015 Ciudad Juárez logró por fin salir del ranking. Estos problemas de seguridad pública están acompañados de la corrupción de muchas autoridades en materia de seguridad y justicia que conlleva la impunidad de los delincuentes.

La mayoría de las tapias de la localidad, se concentran en zonas residenciales en el suroriente de la ciudad, en vecindarios nuevos y de bajo costo, creados como barrios dormitorios para los trabajadores de las muchas fábricas de la ciudad, los cuales representan y generan inseguridad, suciedad y hasta problemas de salud para los habitantes. (Chihuahua/Noticias, 2018).

Según datos proporcionados por el observatorio ciudadano, por medio de la plataforma de FICOSEC denominada "El Atlas de seguridad y bienestar (2019), en el 2018 se han identificado en la localidad, 586 homicidios dolosos, 1139 lesiones dolosas, mientras que en el 2019 se presentan 160 homicidios dolosos.

De acuerdo con los datos del Instituto Municipal de Investigación y Planeación (IMIP, 2018), el 80% de los delitos no son denunciados, 31% de las personas no los denuncian por falta de confianza en las autoridades y 34% por no tener pruebas o no reconocer al culpable. En este mismo sentido, la Fiscalía Especializada de la Mujer en esta localidad destacó que actualmente hay muchas carpetas de investigación que siguen abiertas y en otras ya hay personas detenidas, pero que desafortunadamente en otros casos las indagaciones se han cerrado con fatalidades, ya que algunas víctimas de violencia han sido asesinadas. (2018).

Así mismo, en Juárez según datos proporcionados por la Asociación Civil Plan Estratégico de Juárez menciona en su informe del 2018, denominado "Así estamos Juárez" que el 47 por ciento de la población considera que vivir en esta ciudad es "algo inseguro" o "muy inseguro", lo que representa una disminución de 6.2 puntos porcentuales en comparación con la percepción ciudadana de 2016. No obstante, sigue siendo una cifra mayor que en 2015, cuando se registró un 38.9 por ciento. Destacando que en la zona Sur Oriente de Cd. Juárez es la zona que mayor porcentaje representa ya que cree que vivir en esta ciudad es algo/muy inseguro con un 54.2%.

Este mismo en este mismo documento de indicadores de calidad de vida en Ciudad Juárez en el 2018, menciona los 17 problemas principales de la localidad, principalmente la inseguridad/violencia con un 30.8%, en segundo lugar, las calles/pavimentación con un 11%, en tercera posición alumbrado público con 9.1%, cuarta problemática reflejada es la corrupción con 8.6%, la drogadicción 6.3%. con un 5.4% la eficiencia de los servicios públicos, así mismo también se menciona una de las problemáticas principales es la falta de valores con un porcentaje de 4.9, la economía/crisis está en la posición octava, el desempleo cuenta con un porcentaje de 3.5, igualmente el transporte urbano tiene un 3.5%, seguidamente la pobreza representa el 3.1%, 2.9% la impunidad, el drenaje/inundaciones un 2.6%. el 1.9% de la población menciona que la falta de hospitales/clínica de salud, el 1% la infraestructura, el participar en solución de problemas y/ o exigencias de justicia el 0.3% y el 0.3% otras problemáticas.

En otro sentido, es importante hacer mención que existe un gran número de pandillas, algunas relacionadas con bandas del crimen organizado que operan en la localidad, lo cual ha obligado a las personas a dejar de convivir sanamente en el lugar donde viven, por lo cual se ha visto fragmenta la convivencia social y el tejido social, sin dejar a un lado la violencia social que se vive.

Ante la situación planteada, El Diario de Juárez informó que la FGE y la Secretaría de Seguridad Pública Municipal dieron a conocer que existen dos grupos del Cártel de Sinaloa que tienen presencia en la zona oriente de la ciudad, siendo dicha zona catalogada con un mayor índice de violencia, por parte del Fiscal General del Estado en la Zona Norte, Jorge Nava López, reconoció que actualmente la violencia en Ciudad Juárez se trasladó al suroriente de la ciudad, que es donde se ha mantenido el repunte de ajustes de cuentas por grupos delictivos.

Como un dato relevante a mencionar, los incidentes de llamadas de emergencia al 911 se recaban y sistematizan por el CNI, a partir de 2016 con base en el Catálogo Nacional de Incidentes de Emergencia. Los incidentes considerados en el presente documento se refieren a: a) violencia contra la mujer; b) abuso sexual; c) acoso u hostigamiento sexual; d) violación; e) violencia de pareja y f) violencia familiar.

Durante el periodo enero-diciembre de 2018, cada uno de estos incidentes muestra el siguiente peso relativo respecto al total de llamadas de emergencia reales al 911:

a) Violencia contra la mujer: 1.07%
b) Abuso sexual: 10.03%
c) Acoso u hostigamiento sexual: 0.04%
d) Violación: 0.02%

e) Violencia de pareja: 1.83%

f) Violencia familiar: 4.01%

Las incidencias delictivas a nivel Estatal, Chihuahua específicamente, según datos obtenidos del Secretariado Ejecutivo del Sistema Nacional de Seguridad Pública, en su último corte del 31 de diciembre del 2018, en feminicidios, el estado de Chihuahua presentó 51 eventos en contribución a ese universo de 834 feminicidios a nivel nacional, que, en el Estado, la mayoría del rango de edad de las víctimas se categoriza de 18 años en adelante.

A nivel municipal, específicamente en el municipio de Juárez Chihuahua, datos obtenidos del Secretariado Ejecutivo del Sistema Nacional de Seguridad Pública, en su último corte del 31 de diciembre del 2018, (Próximo corte el 25 de febrero del 2019), ciudad Juárez es considerado como uno de los municipios más peligrosos en todo el mundo, pero empata con Culiacán Sinaloa, la tabla de los 100 municipios con mayor índice de feminicidios en México, Juárez con un total de 740,683 de población de mujeres en el 2018, los cuales, en ese mismo año, se cometieron 28 delitos de feminicidio que da una media de 3.78 delitos por cada 100 mil mujeres.

En la localidad, Con más de 6 mil denuncias anuales, Juárez

sobrepasa 2.8 veces la tasa nacional de violencia familiar; concentrada principalmente en 29 colonias de la ciudad, alertó el Observatorio Ciudadano del Fideicomiso para la Competitividad y Seguridad Ciudadana (FICOSEC, 2019).

Aunque existe, La Ley General de Acceso de las Mujeres a una Vida Libre de Violencia es una ley de orden público, interés social y de observancia general en la República Mexicana, contiene los principios rectores para el acceso de todas las mujeres a una vida libre de violencia que son: La igualdad jurídica entre la mujer y el hombre; el respeto a la dignidad humana de las mujeres; la no discriminación, y la libertad de las mujeres. (Comisión Nacional para Prevenir y Erradicar la Violencia Contra las Mujeres, 2018).

La violencia contra la mujer y las niñas está relacionada tanto a su falta de poder y control como a las normas sociales que prescriben los roles de hombres y mujeres en la sociedad y consienten el abuso. Las iniquidades entre los hombres y las mujeres trascienden las esferas públicas y privadas de la vida; trascienden los derechos sociales, económicos, culturales y políticos; y se manifiestan en restricciones y limitaciones de libertades, opciones y oportunidades de las mujeres. Estas inequidades pueden aumentar los riesgos de que mujeres y niñas sufran abuso, relaciones violentas y explotación, debido a la dependencia económica, limitadas formas de sobrevivencia y opciones de obtener ingresos, o por la discriminación ante la ley en cuanto se relacione a temas de matrimonio, divorcio y derechos de custodia de menores.

La violencia contra las mujeres y niñas no solo es una consecuencia de la inequidad de género, sino que refuerza la baja posición de las mujeres en la sociedad y las múltiples disparidades existentes entre mujeres y hombres. (Asamblea General de las Naciones Unidas, 2006). Una variedad de factores de riesgo a nivel individual, de relaciones, de comunidad y de la sociedad (incluyendo los niveles institucionales/estatales) se intersecan para aumentar el riesgo de que mujeres y niñas sufran violencia. Estos factores, representados en el modelo sociológico son:

- Atestiguar o experimentar abuso desde la infancia (lo que está a asociado a que en el futuro los niños sean perpetradores de violencia mientras las niñas experimenten violencia contra ellas);
- Abuso de sustancias (incluyendo alcohol), asociado a una mayor incidencia de la violencia;
- Pertenencia de las mujeres a grupos marginados o excluidos.

- Limitadas oportunidades económicas (factor agravante para la existencia hombres desempleados o subempleados, asociado con la perpetuación de la violencia; y es un factor de riesgo para mujeres y niñas, de abuso doméstico, matrimonios forzados, matrimonios precoces, la explotación sexual y trata.

- La presencia de disparidades económicas, educativas y laborales entre hombres y mujeres al interior de una relación íntima.

- Conflicto y tensión dentro de una relación íntima de pareja o de matrimonio

- El acceso inseguro de las mujeres al control de derechos de propiedad y de tierras.

- Control masculino en la toma de decisiones y respecto a los bienes.

- Actitudes y prácticas que refuerzan la subordinación femenina y toleran la violencia masculina (por ejemplo, la dote, pagos por la novia, matrimonio precoz).

- Falta de espacios para mujeres y niñas, espacios físicos o virtuales de encuentro que permitan su libre expresión y comunicación; un lugar para desarrollar amistades y redes sociales, vincularse a asesores y buscar consejos en un ambiente de apoyo.

- Uso generalizado de la violencia dentro de la familia o la sociedad para enfrentar los conflictos;
- Un limitado marco legislativo y de políticas para prevenir y hacer frente ante la violencia;
- Falta de sanción (impunidad) para perpetradores de la violencia.
- Bajos niveles de concientización por parte de los proveedores de servicios, así como de los actores judiciales y los encargados de hacer cumplir la ley. (Asamblea General de las Naciones Unidas, 2006; Bott, et al., 2005).

Algunos factores adicionales de riesgo que se encuentran relacionados con la violencia por parte de la pareja íntima, que se han identificado son; deficientes niveles de salud mental relacionadas a una baja autoestima, ira, depresión, inestabilidad emocional y dependencia, rasgos de personalidad antisocial o fronteriza y aislamiento social; historial de disciplina física en la infancia; inestabilidad marital y separación o divorcio; historial de comisión de abuso psicológico; relaciones familiares no saludables; temas asociados a la pobreza como hacinamiento y tensión económicas, y bajos niveles de intervención comunitaria o acciones contra la violencia doméstica. (Centros para el Control y Prevención de

Enfermedades, 2008).

Por otro lado, entre los factores de protección que pueden reducir el riesgo de que mujeres y niñas sufran violencia figuran:

- Educación secundaria completa para niñas (y niños);
- Retardar la edad de matrimonios hasta los 18 años;
- Autonomía económica de las mujeres y acceso a entrenamiento de sus capacidades, crédito y empleo;
- Normas sociales que promuevan la equidad de género
- Servicios que articulen respuestas con calidad (servicios judiciales, servicios de seguridad/protección, servicios sociales y servicios médicos) con dotación de personal con conocimientos, capacitación y entrenamiento adecuado.
- Disponibilidad de espacios seguros o refugios.
- Acceso a grupos de ayuda.

Existen otros factores que requieren investigación y análisis adicionales pero que podrían estar asociados con el riesgo de violencia doméstica y la protección contra la misma: experiencias previas de mujeres como sobrevivientes de violencia (en cualquiera de sus formas), a cualquier edad; niveles de comunicación de hombres con sus parejas íntimas

33

femeninas; uso de la agresión física por parte de hombres contra otros hombres; así como la limitada movilidad de mujeres y niñas. (WHO, 2005).

La Red Mesa de Mujeres (2019), hace hincapié que, en las colonias ubicadas en las afueras de la ciudad, es decir, zona suroriente, en donde la mayoría de las mujeres sufren de violencia familiar y necesitan ayuda, es decir, los índices son muy elevados, en colonias el suroriente son la Carlos Castillo Peraza, Olivia Espinoza de Bermúdez, Carlos Chavira Becerra, Tierra Nueva I, Hacienda Santa Fe, Rincón de la Mesa, Portal del Roble, Cerradas de Oriente I y Parajes de Oriente.

De igual manera, se analizó durante la intervención en la zona suroriente del Programa de Fortalecimiento para la Seguridad 2018 (FORTASEG) que el 36% de las mujeres sufrieron violencia hace algunos años y el 28% están sufriendo violencia de género actualmente, se analiza que la violencia física es la predeterminante con un 51.4% correspondiente a 19 mujeres, posteriormente un 24.3% violencia psicológica y en el tercer lugar 6 mujeres mencionan que han sufrido violencia tanto física como psicológica, es decir un 16.2%. Sobre las bases de las consideraciones anteriores, el 83.3% de las víctimas no decidieron denunciar los hechos de violencia de género ya sean agresiones físicas, psicológicas, económica, patrimonial, etcétera, y únicamente el 16.7% si decidieron denunciar, sin embargo, no especificaron a que institución presentaron su denuncia.

Uno de los datos relevantes sobre la violencia familiar es que el estrés y la victimización de uno de los integrantes de la pareja son los principales factores que generan violencia familiar o en la pareja, además del consumo de alcohol y experiencias de agresión durante la niñez. Según el estudio realizado por organizaciones civiles de la localidad y la Universidad Autónoma de Ciudad Juárez, en conjunto la Comisión de Familia y Seguridad Pública, en un proyecto impulsado por el Centro Familiar para la Integración y crecimiento.

El estudio anteriormente descrito, iniciado en marzo de 2018, investigó las experiencias de agresión reportadas por los ofensores, así como las experiencias de ofensa y violencia recibida de parte de su pareja en la familia de origen, tomando en cuenta cualquier tipo de violencia (de parte de padres o algún cuidador).

Los expertos entrevistaron a 134 personas canalizadas a la Estación de Policía Babícora ubicada en la Av. Valle del Cedro 5728, Morelos III, 32574 Cd Juárez, Chihuahua. Que se encuentra al Sur Oriente de Cd. Juárez, por violencia intrafamiliar. La mayoría fueron hombres y sólo una mujer, con un promedio de edad de 34 años.

El estudio indagó la aceptación y adherencia a los roles tradicionales de género, así como la frecuencia del consumo de alcohol. Y la mayoría de los casos reporta violencia o agresión de manera bidireccional.

Uno de los indicadores de violencia que arrojó el estudio fue la presencia de experiencias de agresión que los encuestados sufrieron durante la infancia, particularmente violencia física y psicológica.

"El cuarenta por ciento de los encuestados reportó haber sufrido agresión psicológica de ambos padres, sesenta por ciento reportó haber sufrido violencia física. Estas experiencias previas han sido señaladas como factor de riesgo, uno de los más importantes porque tienden a normalizar el uso de distintos actos de violencia como métodos legítimos para resolver conflictos o diferencias"

Asimismo, en el estudio reflejo que otro factor al descubierto fue el consumo de alcohol, como disparador de agresiones en la pareja.

Señalando que no se detectó como un problema de adicción. La media mensual de ingesta es de tres veces. Esto nos dice que más que un problema de dependencia es un problema de abuso de alcohol. Haciendo mención que, con base desde la teoría del estrés, todo lo que implica tener hijos, la responsabilidad, la economía, la educación, se convierte en un factor que genera conflicto, eso se ve reflejado en los resultados que el número de hijos de los participantes, es decir, entre más hijos había mayor probabilidad de ofensa.

Otro indicador directo, que se detectó en el estudio, fueron las experiencias de victimización, es decir, la agresión que el ofensor recibía de la pareja. De acuerdo con el experto, estas dos últimas variables son las que mayor peso tienen en el agresor, y no el alcohol o la violencia en la infancia, como pudiera pensarse.

El estudio muestra la necesidad de implementar políticas públicas para prevenir las agresiones de pareja, o al interior de las familias. Y con recursos destinados a atender a los agresores con un trabajo multidisciplinario. Es por ello, que se cree la importancia de realizar intervención en la zona Sur Oriente específicamente en Praderas del Sol, Palmas del Sol, Las Haciendas, Parajes del Sur y Jardines de Roma.

En referencia con lo mencionado, una forma de contribuir en la disminución de los actos delictivos es involucrarse en acciones preventivas de las problemáticas que asechan. Por medio de la participación social, puesto que no pretende de forma alguna deslindar al Estado de lo que en principio se establece como una función constitucionalmente asignada al Poder Público: la seguridad. Por el contrario, busca consolidar, retroalimentar y hacer más eficientes los programas institucionales destinados para tal efecto, todo ello bajo una pauta de participación integral, en donde la reciprocidad de ambos agentes (Estado y Sociedad), sean un elemento común en la búsqueda de mejores condiciones de bienestar para nuestras familias, así mismo, promover la participación y organización de las mujeres, a través de la conformación de redes comunitarias que fomenten la solidaridad, la seguridad ciudadana y la cohesión social. El empoderamiento de la ciudadanía y su posicionamiento dentro de los procesos democráticos permiten la gestión incluyente de políticas públicas y el mejoramiento de la calidad de vida de todas las ciudadanas y todos los ciudadanos.

Según datos proporcionados por Plan Estratégico Juárez (2018) En 2017, 14.5 por ciento de los juarenses afirmaron pertenecer y participar activamente en organizaciones. La cifra disminuyó en un punto porcentual en comparación con la de 2016, y 9.9 en comparación con 2015. La iglesia sigue liderando como el grupo con más ciudadanos participantes, con un 46.3 por ciento, mientras que las asociaciones o equipos deportivos se mantienen en segundo lugar. En cuanto a los grupos con menor participación se encuentran los comités de vecinos y las cajas populares.

Con base a las consideraciones anteriores, resulta oportuno definir tanto la participación social como la participación ciudadana debido a que si no existe una participación, no se podría hablar de un verdadero trabajo de desarrollo comunitario. En esta cuestión, al hablar de la participación social, esta debe entenderse como: "Los diferentes tipos de actividades organizadas en sociedades altamente diferenciadas, mediante la cual un grupo social de estatus bajo logra expresar sus necesidades o demandas, defender sus intereses comunes, y alcanzar determinados objetivos económicos, sociales o políticos" (Stavenhagen, citado por Oviedo y Cárdenas, 1986).

Por otro lado, cabe resaltar la participación es fundamental para el cambio o la transformación comunitaria en las sociedades actuales. Esto se ve reiterado con lo que menciona la SEP (2010), al referirse a ella argumentando que, "es la intervención de los ciudadanos en la toma de decisiones respecto al manejo de los recursos y las acciones que tienen un impacto en el desarrollo de sus comunidades". En este sentido, la

Participación Social se concibe como un legítimo derecho de los ciudadanos más que como una concesión de las instituciones. Para que la participación social se facilite, se requiere de un marco legal y de mecanismos democráticos que propicien las condiciones para que las comunidades organizadas hagan llegar su voz y sus propuestas a todos los niveles de gobierno.

Diagnóstico inicial del sector

Principalmente como parte de la evaluación del impacto llevado a cabo antes y después de una de las líneas de acción que consiste en realizar torneo de futbol y cine foros para fortalecer la cohesión social y la confianza en Ciudad Juárez, se aplicaron dos encuestas, una al inicio de la línea de acción y otra al finalizar las actividades anteriormente planteadas.

Por ende, se llevó acabo las encuestas a un veinte por ciento de la población accesible, realizando en las colonias del suroriente de Ciudad Juárez, con la finalidad de conocer si se logró promover la interacción social y comunitaria, fortaleciendo la cohesión social e inhibir en la violencia social y delincuencia en la zona.

En la actualidad la creciente inseguridad y la escasez de

planteamientos asociados al desarrollo humano, social y comunitario, así como la falta de seguridad y valores han propiciado la incorporación en el debate público del concepto de "tejido social" para explicar la incidencia y prevalencia delictivas en la zona sur oriente de la ciudad, se desarrolló dicho instrumento que se aplicó en la comunidad, la cual estuvo compuesto por veinte ítems con preguntas cerradas y abiertas. El instrumento abarca cuatro partes, la primera recopila los datos generales, la segunda consta de percepción de confianza, posteriormente percepción social y la última sección cuestiona acerca de la participación ciudadana.

Algunas estadísticas, relacionan el tejido social con la transformación de valores, otras con el capital social, unas más lo asocian con la estructura familiar y existen quienes lo vinculan con la desigualdad de oportunidades. En resumen, las opiniones que anuncian la descomposición del tejido social como causa de algunos de los males sociales suelen reducir la discusión a una sola de las dimensiones mencionadas.

Destacando, que se empleará una investigación descriptiva, la cual Sampieri (1998), hace hincapié que este tipo de estudio permite detallar situaciones y especificar propiedades importantes del grupo a encuestar. El grupo seleccionado para aplicar las encuestas pre y post fue por muestreo probabilístico de forma aleatorio simple.

La multiculturalidad que existe en Ciudad Juárez es muy diversa, por tal motivo los habitantes de dicho sector son provenientes de distintas partes de la República Mexicana; siendo los Estados de; Veracruz, Tamaulipas, Guerrero, Durango y Oaxaca mencionados jerárquicamente los estados con más afluencia en el sector. A su vez se cuenta con un pequeño grupo de los Estados de Guanajuato, Chiapas y Zacatecas, sin embargo, el mayor número de los colonos son originarios de Ciudad Juárez.

Con información descrita anteriormente, se puede deducir que, aunque mayormente son nacidos en la localidad existen diferentes estados de procedencia, donde tienen diferentes valores culturales, lo que puede ocasionar además de falta de sentido de pertenencia, disputas y litigios entre los vecinos.

El nivel educativo que predomina es el de nivel básico con un setenta y cinco por ciento, de las personas encuestadas que cuentan hasta la educación primaria y secundaria, siguiendo el veinte por ciento de las personas que han cursado hasta la educación preparatoria. Monitoriamente solo un cuatro por ciento de los colonos cuenta con educación superior (Véase en grafica No.1).

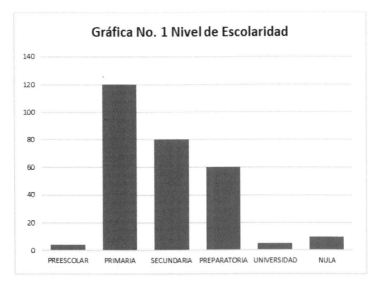

Fuente: Elaboración propia.

Destacando que la principal ocupación de los habitantes encuestados del sur oriente de Ciudad Juárez tienen la ocupación estudiantil, seguidamente ciento treinta de los colonos son operadores de una empresa maquiladora. Por otra parte, destacan actividades relacionadas con el hogar.

Posteriormente el tipo de familia predominante es el de la

familia nuclear, conformada esta por dos generaciones, que son padres e hijos. En donde se identificó que el 49.9% de la población está casada.

Siguiendo a esta, se encuentran las familias monoparentales/uniparentales y las familias extensas; siendo las primeras en los casos de separación, abandono, divorcio, muerte o ausencia por motivos forzosos de uno de los padres, el otro se hace cargo de los hijos y conviven; la relación de la pareja que esto supone varía desde la cohabitación en fluctuaciones temporales, hasta los vínculos volátiles.

Por su parte las familias extensas son aquellas que está integrada por una pareja con o sin hijos, y por otros miembros como sus parientes consanguíneos ascendentes, descendientes y/o colaterales; recoge varias generaciones que comparten habitación y funciones (Véase en la gráfica No. 2).

Gráfica No. 2 Tipo de Familia

Fuente: Elaboración propia.

Precisando que es de suma importancia conocer sobre las situaciones que acontecen tanto en la ciudad como en cierto sector, la manera en la que la comunidad se brinda protección entre sí, al igual conocer que tanto interviene seguridad pública en la colonia y la mayoría de la población indica que seguridad pública, realiza rondines con el fin de brindarle a la comunidad un ambiente ameno, en el cual logren realizar sus actividades cotidianas sin temor a algo ocurra, es decir, se analiza en la siguiente gráfica que un 47.1% observa que la policía si asiste a su fraccionamiento, por otro lado hay habitantes que consideran que la policía no asiste al fraccionamiento, lo cual corresponde a un 45.2%.

Sin embargo, un 7.5% de los habitantes opinan que la policía acude solo a veces a fraccionamiento. (Véase en la gráfica No. 3).

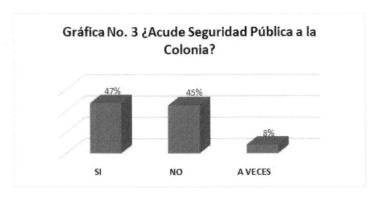

Gráfica No. 3 ¿Acude Seguridad Pública a la Colonia?

47% 45% 8%

SI   NO   A VECES

Fuente: Elaboración propia.

Por ello, es primordial el fortalecimiento de redes comunitarias ya que es uno de los primeros vínculos que los individuos establecen, lo cual contribuye a un buen desarrollo social favoreciendo a ambas partes.

Sobre las bases de las consideraciones anteriores, el objetivo de este aspecto sería el prevenir posibles acontecimientos y percatarnos si la población considera que su colonia es segura o no.

Cabe agregar que seguridad pública está encargado de brindar bienestar social a la población con el fin de convivir en un ambiente de armonía, sin embargo, se reflejó que a pesar de vigilancia por parte de seguridad pública no se sienten del todo seguros.

En este orden de ideas se considera por parte de la comunidad que la policía acude de una a dos veces por semana a los fraccionamientos lo cual corresponde a un 36.7%, entretanto el 13.2% de los habitantes opina que la policía va tres a cuatro veces por semana, mientras que un cero por ciento considera que la policía acude de 5 a 6 veces a la semana, al igual observan que va a diario lo que corresponde a un 19.1% pero también un 19.1% menciona que no acude nunca a los fraccionamientos. Sin embargo, un 11.7% se limitó a no responder esta cuestión.

Hecha la observación anterior, la siguiente gráfica muestra cuanto tiempo se demoran en atender un llamado de emergencia, el 32.2% de la población beneficiaria con la línea de acción considera que puede durar de diez a treinta minutos, también opina que la duración de esta acción es de cuarenta a una hora lo que corresponde a un 9.3%, mientras tanto un 1.4% observa que esta tarea se pude prolongar hasta una hora.

Por otro lado, la comunidad encuestada estima que desconoce el dato sobre el tiempo que tarda en atender un llamado de emergencia con un 45.8%, para finalizar con esta gráfica se observa que un 11.4% de la población aprecia que la policía no atiende al llamado de emergencia. (Véase en la gráfica No. 4).

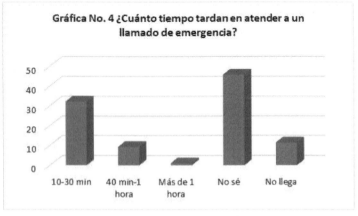

Fuente: Elaboración propia.

En este orden de ideas, otro de los apartados de la encuesta, nos podemos percatar que la mayoría de los habitantes consideran segura su colonia representando el 51% de los entrevistados contestaron que sí, y 44% argumentaron que no, destacando que el 5% de los entrevistados, mostraron cierta confusión contestando que a veces. (Véase en la gráfica No. 5).

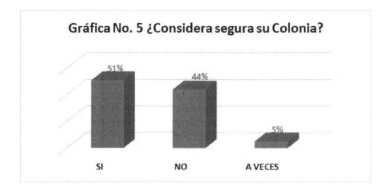

Fuente: Elaboración propia.

Donde sobresalió que el horario más seguro para realizar cualquier tipo de actividad es en la mañana con un 54% por ciento, en segundo lugar, quedo en la tarde con un 22%, por lo tanto, el 4% dijo que, en noche, el 7% comento que durante todo el día era segura, por ende, solo el 11% sentía miedo al salir en cualquier horario del día.

En los marcos de las observaciones anteriores, resulta

oportuno conocer e indagar sobre qué tanta interacción tiene la comunidad, principalmente para conocer el proceso por el cual las comunidades beneficiarias construyen oportunidades, relaciones, identidades, incentivos y lazos para que las personas alcancen su máximo potencial, así mismo, si existe un cierto grado de confianza y el tipo de apoyo que se brindan entre sí.

En este mismo orden y dirección los datos sobre la confianza entre vecinos, el 74% contesto que sí, el 20% contesto que no por varias razones, en siguiente un 5% más o menos y finalmente 1% respondió que no. (Véase en la gráfica No. 6).

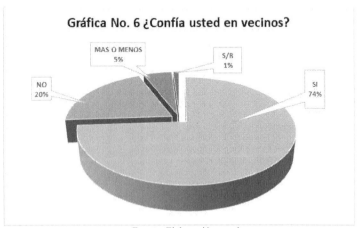

Gráfica No. 6 ¿Confía usted en vecinos?

MAS O MENOS 5%

S/R 1%

NO 20%

SI 74%

Fuente: Elaboración propia.

Un modelo para fortalecer la cohesión social e inhibir la violencia (Caso Ciudad Juárez)

Del modelo de interacción comunitaria

El presente proyecto es integral en relación a la promoción de esquemas de interacción comunitaria, dado que se tiene previsto acoger y acompañar a los integrantes de las comunidades beneficiarias del proyecto, así también se pretende desarrollar procesos pedagógicos y organizacionales entre las comunidades que se encuentran viviendo en zonas en situación de riesgo, partimos desde nuestro modelo de intervención comunitaria fundamentando él mismo desde una epistemología de la complejidad, modelo caracterizado entre otras cosas por la complejidad, la subjetividad y la hermenéutica como fundamento para la construcción de conocimiento; se pretende ir generando oportunidades de uso positivo del tiempo libre, a través de actividades de la apropiación y mantenimiento de espacios públicos en la zona suroriente de Ciudad Juárez en riesgo de adicciones y propensos a desarrollar actividades ilícitas y delincuenciales, para que de esta manera los jóvenes y su comunidad encuentren otras oportunidades distintas a las que les ofrecen las pandillas en esta ciudad, y vayamos construyendo de manera conjunta gobierno y sociedad civil esfuerzos reales, importantes y trascendentes en relación a la prevención de la violencia.

Se realizará primeramente una campaña de promoción en colonias del suroriente de Ciudad Juárez, Chihuahua, con el objetivo de dar a conocer los talleres y actividades que se iniciaran a desarrollar como parte de este proyecto, a la par de esto se realizará un acercamiento las comunidades del suroriente que se pretende sean beneficiarias del proyecto utilizando el diagnóstico participativo, por medio de algunos grupos focales y asambleas comunitarias, además de realizar promoción del proyecto con organizaciones, colectivos y la Dirección de Prevención Social de la Secretaría de Seguridad Pública Municipal con los que se ha venido trabajando en los últimos años y meses sobre todo. Posteriormente se empezara a ejecutar los diferentes talleres y actividades como lo marca el cronograma del proyecto, siempre realizando de manera paralela acciones de evaluación y seguimiento sobre el accionar del proyecto y el logro de los objetivos y metas establecidas, así como los impactos que se esperan lograr en las comunidades, y las reuniones de trabajo entre el personal que participa en el proyecto para la retroalimentación y la evaluación.

Así también se contempla que el equipo adquirido y utilizado en algunas actividades se utilice por grupos comunitarios y redes vecinales conformados por las mismas comunidades beneficiarias del presente proyecto al concluir este, como parte de las acciones tendientes al fortalecimiento de la cohesión social y para la promoción de la participación ciudadana y la prevención del delito. Así también, se pretende que los beneficiarios del proyecto tengan una participación más activa, no solo como receptores de las actividades y talleres, sino que también se involucren en la Contraloría Social de este proyecto, y la apropiación y mantenimiento de espacios públicos.

Justificación del proyecto

El presente proyecto es una propuesta que articula diversas acciones en beneficio de la comunidad de Ciudad Juárez Chihuahua. Se pretende intervenir desde un enfoque de desarrollo comunitario y participativo dirigido a niños, niñas, jóvenes, mujeres y adultos en situación de riesgo ante la violencia social que impera en la ciudad, con el objetivo de promover nuevas formas de interacción familiar, social y comunitaria, lo cual generará un entorno favorable y con ello, mayores oportunidades de desarrollo.

La presente propuesta a través de la prestación de servicios y apropiación de espacios comunitarios, fomenta la cohesión comunitaria, la cultura de la legalidad, en torno a la prevención de adicciones y la disminución del consumo de drogas, esto se implementara por medio de vertientes relacionadas con acciones de educación/formación para promover y dar herramientas para la resolución de conflictos de manera no violenta; una segunda vertiente pretende fomentar cohesión comunitaria, el fortalecimiento de los vínculos familiares para erradicar la violencia social y en contra de las mujeres. La necesidad de llevarlo a cabo se justifica

55

por el alto grado de violencia social y de inseguridad que en los últimos años ha estado privando en esta ciudad fronteriza, reflejado en altos índices de asesinatos ligados al crimen organizado y en el desarrollo de actividades criminales como secuestros, extorsiones, feminicidios, y delitos del fuero común que son propiciados principalmente por usuarios de drogas, así como por jóvenes que no se encuentran estudiando o trabajando. Con el presente proyecto se atenderán beneficiarios de distintas colonias del suroriente de la ciudad, a través de la organización de actividades formativas, educativas, recreativas, deportivas y culturales, incidiendo de esta manera en la cohesión social y en la prevención de conflictos sociales y acciones delictivas. En este proyecto se prevén acciones para incidir en las relaciones de discriminación y desventaja que enfrentan las mujeres en relación con los hombres primeramente, es importante señalar que demográficamente hablando los jóvenes que históricamente han sido atendido en mayor número en la asociación civil Juventud Desencadenando Fuerza Social, en sus distintos programas son mujeres jóvenes. Se espera crear condiciones que favorezcan la participación de las mujeres en distintos ámbitos, por un lado es importante mencionar la importancia respecto a la transmisión de conocimientos a las mujeres beneficiadas de este proyecto, sobre las diferentes temáticas que se señalan en las metas de este proyecto, donde se encuentran insertadas de igual manera temas que tienen que ver con intereses propios de las mujeres jóvenes, de hecho la experiencia nos ha demostrado que son las mujeres en el grupo social de los jóvenes quienes de manera más acelerada comienzan a participar de manera más constante y profunda en este tipo de proyectos de intervención, donde además comienzan a concientizarse de sus derechos y a empiezan a participar en sus diferentes ámbitos de vida.

Por otro lado, los mismos talleres, estarán sensibilizando a las mujeres sobre la manera de ir empoderándose en sus diferentes contextos, a partir de la socialización y la interacción en un contexto comunitario de equidad en los talleres de este proyecto. El conjunto de actividades, talleres y acciones se encuentran articuladas para generar un sistema preventivo que ofrezca a las y los beneficiarios opciones de vida para el desarrollo de manera integral donde se intervenga la vida de las personas en sus ámbitos básicos de vida, como lo son el hogar, la escuela, y el espacio público.

Aunado a esto, se presenta la oportunidad única de trabajar con todos los miembros de las familias, desde los niños, niñas, adolescentes y jóvenes, hasta los adultos hombres y mujeres de nuestra ciudad.

Problemática de la población

En Ciudad Juárez actualmente se está presentando un repunte de los índices de violencia, lo cual es un problema muy grave y generalizado que afecta a gran parte de la población, dentro de las causas se encuentra la venta de narcóticos a bajo costo por grupos del crimen organizado, feminicidios, secuestros que ha aumentado de manera muy rápida en la ciudad, aunado a esto se encuentra también el crimen organizado que se asocia directamente con el tráfico de drogas, el feminicidio, los secuestros y la extorsión. Años atrás, Ciudad Juárez Chihuahua fue clasificada como una de las ciudades más peligrosas e inseguras de México y su percepción se replicó a nivel mundial. Aunque en la última medición de 2015, Ciudad Juárez logró por fin salir del ranking. Estos problemas de seguridad pública están acompañados de la corrupción de muchas autoridades en materia de seguridad y justicia que conlleva la impunidad de los delincuentes. De acuerdo con los datos de Instituto Municipal de Investigación y Planeación (IMIP) 80% de los delitos no son denunciados, 31% de las personas no los denuncian por falta de confianza en las autoridades y 34% por no tener pruebas o no reconocer al culpable. En Ciudad Juárez es importante hacer mención que existe un gran número de pandillas, algunas relacionadas con bandas del crimen organizado que operan en la localidad, lo cual ha obligado a las personas a dejar de convivir sanamente en el lugar donde viven, por lo cual se ha visto fragmenta la convivencia social y el tejido social, sin dejar a un lado la violencia social que se vive en toda la ciudad. Los niños, niñas, jóvenes, mujeres y adultos no tienen forma de desahogarse, no hay suficientes espacios culturales y/o deportivos, por lo que se carece de infraestructura donde los jóvenes y las familias puedan concurrir a convivir, ejercitarse, dar un paseo. Aunado a esta problemática de violencia social, se ha incrementado la violencia   de género y en contra de la mujer, que va desde el aspecto psicológico hasta maltrato físico. Es por ello, que también las intervenciones sociales se deben enfocar en mejorar las condiciones de vida de las mujeres, desde el sentido de sensibilización, organización y posteriormente ejercer liderazgos y mejorar en su entorno.

Desarrollo del modelo de interacción comunitaria

El presente proyecto realizado en colaboración con la asociación civil Juventud Desencadenando Fuerza Social (JUDEF), que tiene como misión promover la participación y acciones positivas de la ciudadanía a través de la sensibilización en la solución de sus problemas, dotándolos de las herramientas necesarias para generar condiciones que le permitan dignificar, mejorar su entorno y el tejido social, fomentando el desarrollo, la responsabilidad social, la inclusión de los sectores vulnerables, los derechos humanos, la democracia, la cultura de la legalidad y la vigencia del Estado de Derecho en México. En efecto, Juventud Desencadenando Fuerza Social A.C. tiene como visión ser una institución incluyente contribuyendo de una manera positiva a nuestra sociedad teniendo como base los valores y principios que atiende la misión. Construyendo espacios de acción y oportunidad que estarán sostenidos sobre una diversidad de ideas y una corresponsabilidad entre sociedad, gobierno y ente privado, ejerciendo los derechos y obligaciones de los complementos sociales. Con referencia a lo anteriormente mencionado.

Dentro de los 8 años de experiencia de la organización de la sociedad civil ha desarrollado acciones de intervención en la comunidad en la zona sur y Sur Oriente de Ciudad Juárez, con mayor impacto en las colonias Morelos etapas I, II,III y IV, el Fortín, Eco 2000, Rincón del Sur, Bosque Bonito, Prados de Salvarcar, 15 de Mayo, Infonavit Salvarcar, Parajes del Sur, Senderos de San Isidro, Praderas del Sol, donde se han llevado a cabo acciones de sensibilización en torno a una cultura de paz y de no violencia para incidir en la construcción de ciudadanía e incidir en la cohesión social, además acciones tendientes a la promoción de actividades que propicien el uso creativo del tiempo libre, para reprimir conductas de riesgo entre la comunidad.

Estas acciones generadas por Juventud Desencadenando Fuerza Social A.C han tenido un impacto significativo, debido al clima de inseguridad que se vive en la Ciudad

Juárez contribuyendo a la reconstrucción del tejido social.

Ante la situación planteada, JUDEF A.C participa de manera integral en el proyecto denominado "Promoviendo la interacción social y comunitaria, para fortalecer la cohesión social e inhibir la violencia social y delincuencia en la zona sur-oriente de Ciudad Juárez" con enfoque en la interacción comunitaria, dado que se acogió y acompañó a las y los integrantes de las comunidades beneficiarias del proyecto, así mismo se impulsó los procesos pedagógicos y organizacionales entre las comunidades que se encuentran viviendo en la zona suroriente en situación de riesgo; partiendo desde el modelo de intervención comunitaria fundamentando el mismo desde una epistemología de la complejidad, modelo caracterizado entre otras cosas por el nivel de desarrollo, la subjetividad y la hermenéutica como fundamento para la construcción de conocimiento; generando oportunidades de uso positivo del tiempo libre, a través de actividades de la apropiación y mantenimiento de espacios públicos en la zona suroriente de Ciudad Juárez en riesgo de adicciones y propensos a desarrollar actividades ilícitas y delincuenciales, considerando la participación de los y las jóvenes en conjunto con su comunidad, razonando de otras oportunidades distintas a las que les ofrecen las pandillas en esta Ciudad, creando alianza con gobierno y sociedad civil esfuerzos reales, importantes y trascendentes en relación a la prevención de la violencia.

Primeramente se efectuó una campaña de promoción en colonias del suroriente de Cd. Juárez, Chihuahua, con el objetivo de dar a conocer los talleres y actividades que se desarrollaron como parte de este proyecto, a la par de esto se realizó inicialmente un acercamiento las comunidades del suroriente obteniendo un total de 473 beneficiarios del proyecto utilizando el diagnóstico participativo, por medio de algunos grupos focales y asambleas comunitarias, además de realizar promoción del proyecto con organizaciones, colectivos y la Dirección de Prevención Social de la Secretaría de Seguridad Pública Municipal con los que se ha venido trabajando en los últimos años y meses; posteriormente se comenzó a ejecutar los diferentes talleres y actividades como lo marcaba el cronograma del proyecto, siempre realizando de manera paralela acciones de evaluación y seguimiento constantes sobre el accionar del proyecto destacando cambios en la relación vecinal, es decir, mejoro considerablemente las relaciones de manera positiva, la confianza, solidaridad y empatía, así como la participación ciudadana y las acciones voluntarias logrando los objetivos y metas establecidas, así como los impactos que se esperaban lograr en las comunidades, se realizaba también los informes respectivos, las reuniones de trabajo entre el personal que participo en el proyecto para la retroalimentación y la evaluación.

De igual manera, se contempló que el equipo adquirido y utilizado en algunas actividades se utilizará por grupos comunitarios y redes vecinales conformados por las mismas comunidades beneficiarias, como parte de las acciones tendientes al fortalecimiento de la cohesión social y para la promoción de la participación ciudadana y la prevención del delito. Al mismo tiempo se logró que las y los beneficiarios del proyecto tuvieran una participación más activa, no solo como receptores de las actividades y talleres, sino que también se involucraron en la contraloría social del mismo, la apropiación y mantenimiento de espacios públicos.

En los marcos de las observaciones anteriores, los 473 colonos beneficiarios en la intervención se detectó y analizo que mayormente los habitantes que oscilan entre los

10 años a los 80 años, del sur Oriente de Heroica Ciudad Juárez tienen un nivel socio económico medio alto, es decir, que las familias ubicadas en Parajes del Sur, Praderas del Sol y Senderos de San Isidro, que tienen este nivel cuentan con recursos y servicios que permiten tener una vida práctica y una calidad de vida adecuada pero sin lujos ni excedentes.

Destacando que dicha población tiene en su mayoría estudios medio superior y superiores, desempeñándose como maestros y enfermeros, sin embargo, también hay personas que su ocupación es ser empleados de la industria maquiladora, por lo tanto, cuentan con servicios médicos tales como; IMSS, ISSTE, Seguro Popular en su momento.

Cabe agregar que al inicio de la dinámica las personas participantes se mostraron desconfiadas y apáticas porque tenían la idea de que era una institución gubernamental o por parte de un partido político, en segundo momento se planteó el proyecto y las actividades se realizaron, al concluir con las actividades y talleres las personas se mostraron ya determinadas a involucrarse a realizar una actividad para mejorar su sector, creando iniciativas con participación social comunitaria.

De acuerdo con los razonamientos que se han venido

realizando, se hace hincapié que anteriormente la comunidad del Sur Oriente de Ciudad Juárez ha vivido experiencias de trabajo en las cuales han favorecido en su desarrollo comunitario, precisando en acciones de intervención que tenían como finalidad promover la participación y organización especialmente de las mujeres, a través de la conformación de redes comunitarias que fomentaron la solidaridad, la seguridad ciudadana y la cohesión social, diseñaron e implementaron estrategias y acciones que permitieron prevenir la violencia de género.

En relación con este último, el modelo de promoviendo la interacción social y comunitaria, para fortalecer la cohesión social e inhibir la violencia social y delincuencia en la zona sur-oriente en Ciudad Juárez, se incorporó la perspectiva de género, como estrategia para avanzar hacia la igualdad entre los géneros, como objetivo esencial de generar cambios significativos en la comunidad. Promoviendo en cada una de las líneas de acción, tareas que fomentaron una vida sin violencia de las comunidades del Sur Oriente, así como acciones no discriminatorias, con una auténtica cultura de igualdad y equidad de género, es por ello que constantemente se negó cualquier discriminación por motivo de género y se garantizó la igualdad de oportunidades para las mujeres alcanzando su pleno desarrollo.

Como ya se ha aclarado las acciones que fomentaron el fortalecimiento de las capacidades y promoción de la participación activa de las mujeres creó condiciones que favorecieron la participación activas de las mujeres en distintos ámbitos, los temas que se implementaron fueron en consideración a los intereses propios de las jóvenes mujeres, como se logra apreciar las mujeres son quienes están mayormente inmersas en dicho proyecto, sensibilizando acerca de los derechos y empoderando a dicho grupo beneficiario en diversos contextos, a partir de la socialización y la interacción en un contexto comunitario de equidad en los talleres de este proyecto.

En lo que se refiere al modelo, promoviendo la interacción social y comunitaria, para fortalecer la cohesión social e inhibir la violencia social y delincuencia en la zona sur oriente en Ciudad Juárez, se vincula con el programa "Cruzada nacional contra el hambre", debido a que en ambos programas se plantea crear contacto en campo para identificar líderes naturales y potenciales, así como otros líderes ya establecidos, para acordar una cooperación y suma de esfuerzos, con el objetivo de identificar comités vecinales y formar comités de participación que fomenten la cohesión comunitaria y solucionen problemas específicos de su sector, tomando como herramienta y las estrategias de apoyo en redes comunitarias para el desarrollo social.

Todo lo anteriormente expuesto se realizó en el Sur Oriente de Ciudad Juárez en el año 2018, en los fraccionamientos Parajes del Sur, Praderas del Sol y Senderos de San Isidro.

En el primer objetivo de Sensibilizar a personas sobre la importancia de la participación ciudadana y la organización social, a través de talleres de educación no formal, en el Suroriente de Juárez, Chihuahua se logró cumplir con el 100% de los compromisos establecidos, por medio de actividades de impacto social con un enfoque de sensibilización en temas de participación social comunitaria y organización social a 75 personas.

En este propósito se desarrollaron 12 temas los cuales se mencionaran a continuación, los cuales se llevaron a cabo en un ambiente ameno, de respeto y confianza entre las y los participantes, a la par del interés de conocer acerca de la importancia de la participación ciudadana para el mejoramiento de su desarrollo comunitario, igualmente esto se alcanzó por la campaña de difusión y promoción previamente diseñada.

- Bienvenida y presentación del taller
- Conceptualización: ¿Qué es la participación ciudadana?
- Participación ciudadana y democracia.
- Democracia participativa y democracia representativa
- Participación ciudadana y gobernabilidad
- Legitimidad
- Cultura de la legalidad
- Políticas públicas
- Nuevos mecanismos en la participación pública
- Insuficiencias en la democracia participativa
- La participación ciudadana en el ámbito municipal
- El fortalecimiento de la ciudadanía

Adicionalmente en una segunda fase se logró, el objetivo de brindar oportunidades de desarrollo integral a personas del Suroriente Ciudad Juárez para generar cambios en el aspecto sociocultural a través de interacción comunitaria y convivencia armónica, vulnerados por el clima de violencia social y/o propensas a caer en actividades ilícitas, se clasifico en tres líneas de acción.

Inicialmente se otorgó un taller de apropiación del espacio públicos para promover la interacción comunitaria con una población de 60 personas, los 12 temas que se presentaron a la ciudadanía, creo en ellos sentido de pertenencia, así como inquietud por mejorar los espacios públicos que cuentan su comunidad principalmente los parques, destacando que durante los temas que se describirán a continuación mejoro el dialogo, la confianza y aceptación, donde los colonos tenían una participación activa en los diversos temas, permitiendo un acercamiento entre las personas, puesto que tenían intereses en común.

-     Bienvenida y presentación del taller
-     Apropiación de espacios públicos:
-     Conceptualización
-     El espacio público urbano
-     Lo público y lo privado
-     Apropiación de espacio público
-     urbano
-     La imagen urbana
-     La relevancia de los espacios públicos
-     Expresión ciudadana
-     Comités vecinales
-     Organización de comités vecinales
-     Propuestas para mejorar los espacios
-     públicos en tu comunidad

En la segunda línea de acción de este mismo objetivo y en consideración de los temas anteriormente expuestos, las personas de Parajes del Sur y Praderas del Sol realizaron una jornada de limpieza de un espacio público de su comunidad para su interacción comunitaria y la convivencia armónica, con un total de 157 participantes que se mostraban con gran interés de todos los rangos de edad por participar en la mejora de su espacio público, así mismo trabajo en equipo por parte de los colonos.

Para lograr el funcionamiento óptimo de esta línea de acción, se realizó una reunión para delegar responsabilidades y posteriormente se repartió el material de limpieza para el mantenimiento y apropiación del espacio público donde se efectuó la tercera línea de acción.

Sobre la base de la consideración anterior, se planeó por parte del equipo de trabajo las actividades comunitarias las cuales consistían en 1 torneo de fútbol y 3 cines foros.

En ese mismo sentido durante el torneo de futbol se reflejó una población de 59 personas con gran participación y respuesta de las colonias beneficiadas con el programa de apropiación de espacios públicos, demostrando así que el deporte es un arma muy importante pata inhibir la violencia y la cohesión social dentro del entorno y la sociedad. Los vecinos de Parajes del Sur y Praderas del Sol externaron constantemente su agradecimiento y reiteran su compromiso para continuar realizando este tipo de eventos dentro de la comunidad para disminuir índices de violencia.

En el orden de las ideas anteriores la participación e involucramiento de la población de las comunidades del Sur Oriente en los cines foros fue impresionante, se contó con la asistencia de 122 personas, durante la visualización de la película titulada "COCO", por el mes de noviembre, como parte de la cultura mexicana y festejar el día de muertos. La película dejo una lección muy importante en la población del Sur Oriente; la familia es primero, donde ellos mismos reflexionaban que si existen unas personas con las que puede contar incondicionalmente y que son parte esencial de la vida, es la familia, asimismo hacían mención que en pocas ocasiones se lograba tener un tiempo de calidad, entre vecinos y familias.

Dadas las condiciones que anteceden, al inicio del proyecto se presentaba cierta dificultad principalmente por la apatía por la población e indiferencia ante las problemáticas que existen en el Sur Oriente de la Ciudad, sin embargo durante el proceso del proyecto se hacía mención la importancia del involucramiento de toda la comunidad para conllevar al desarrollo comunitario.

Se expone que de manera conjunta se realizó vinculación con la Dirección de Prevención Social de la Secretaria de Seguridad Pública Municipal, realizando acciones que buscaron atender las necesidades de la comunidad con el fin de lograr un mejoramiento de las condiciones sociales. Por su parte la Dirección de Desarrollo Social contribuyó de manera conjunta con la población de Parajes del Sur, Praderas del Sol y Senderos de San Isidro en el mejoramiento y bienestar de las condiciones de vida de los ciudadanos, otorgándoles láminas para cubrir ventanas y puertas con el fin de protegerlos de las inclemencias del tiempo, pues las estructura de sus vivienda permite la entrada de aire y frío, asimismo les proporcionaron cobijas y despensas. De la misma manera, La Coordinación de Atención Ciudadana del Suroriente y Desarrollo Rural proporciono con eficiencia y rapidez la atención ciudadana al sector sur oriente de la ciudad, conduciendo la gestoría de despensas y cobijas.

En tal sentido se logró una cohesión social en la población beneficiada, donde el esfuerzo de la comunidad y las organizaciones tanto públicas y/o privadas produjo el mejoramiento del tejido social.

La vida pública en un país democrático, con orientaciones pluralistas y visionarias está ligada a la ciudadanía como bastión esencial para el desarrollo de un país día con día; digno para ellos mismos. La democracia es un entorno que descansa en obligaciones y a su vez en derechos ciudadanos, es un ejercicio dinamizado entre las acciones y reacciones de los conceptos naturales de la comunicación y también se le atribuye, valorar con objetividad las distintas ideas y acciones de los sujetos sociales. El espacio expuesto en un país democrático debe de ser utilizado por una población dispuesta, para detectar las fortalezas y necesidades de comunes, a través de una dinámica participativa y orientada al bien común, objetivo primordial de la participación social y de la construcción de una cohesión social.

Dentro de una interacción social con una dinámica cambiante, la ciudadanía se constituye como un elemento imperativo dentro de la conformación de soluciones para necesidades de la sociedad, que, a su vez, se traduce en una cohesión social y esta surge como tema prioritario cuando la humanidad atraviesa por un cambio de época, cuando las bases mismas de la vida en común empiezan a ser cuestionadas y erosionadas.

Para esto los ciudadanos de manera natural, buscan herramientas para enriquecer su repertorio de soluciones, y la manera más efectiva de ejercerlas, convencidos, es la cohesión social, por ello las actividades realizadas en los diversos objetivos fueron orientadas al enfoque de la participación social y la cohesión misma, para generar una sensibilidad y accionar con sustento básico a la prevención de la violencia y la delincuencia en su comunidad.

El primer objetivo específico dicta el sensibilizar a personas sobre la importancia de la Participación Ciudadana y la Organización Social, a través de talleres de educación no formal, en el Suroriente de Juárez, Chihuahua, acciones que se ejecutaron con orientación a la cohesión social fueron:

-El trabajo en campo, para sectorizar lideres naturales, sociales y activistas de la zona e identificar comités vecinales que se sumaran a la realización de las actividades en comunidad.

-Se realizó en primera instancia un diseño de propaganda para aplicar una campaña de promoción y difusión de las actividades venideras, se pidió el apoyo de los vecinos para desarrollar dicha campaña.

-Conformar una audiencia con distintas personas de la zona.

-Impartir un taller de Participación social comunitaria que tuviera una base pedagógica y temas de relevancia e importancia, que a su vez puedan dotar de herramientas a los participantes para organizarse y ordenarse a solucionar problemáticas específicas de sus colonias.

-Generar consciencia y sensibilización, el mejor empoderamiento es cuando el ciudadano apático pasa del desconocimiento al conocimiento, de la apatía a la participación.

-Conformar una red de participación comunitaria y de cohesión social para generar futuras acciones, que tengan un impacto positivo en sus vidas cotidianas y comunitarias.

El segundo objetivo dicta el brindar oportunidades de desarrollo integral a personas del Suroriente de Juárez para generar cambios en el aspecto sociocultural a través de interacción comunitaria y convivencia armónica, vulnerados por el clima de violencia social y/o propensos a caer en actividades ilícitas, y las acciones realizadas en este eje fueron:

-El trabajo en campo, para sectorizar lideres naturales, sociales y activistas de la zona e identificar comités vecinales que se sumaran a la realización de las actividades en comunidad.

-Se realizó en primera instancia un diseño de propaganda para aplicar una campaña de promoción y difusión de las actividades venideras, se pidió el apoyo de los vecinos para desarrollar dicha campaña.

-Conformar una audiencia con distintas personas de la zona.

-Impartir un taller de Apropiación de Espacios Públicos que tuviera una base pedagógica y temas de relevancia e importancia, que a su vez puedan dotar de herramientas a los participantes para organizarse y ordenarse a solucionar problemáticas específicas de sus colonias.

-Generar consciencia y sensibilización, el mejor empoderamiento es cuando el ciudadano apático pasa del desconocimiento al conocimiento, de la apatía a la participación y al cuidado de los espacios que pueden ser usados para beneficio común, apegándose a los elementos de la estética de una ciudad sustentable y de primer nivel.

-Se pasó a sumar una mayor audiencia en la zona y se dotó de herramientas y responsabilidades para realizar una actividad de limpieza de espacios públicos y empoderamiento de ciudadanía y pasar a la apropiación con el cuidado de estos.

-Una vez empoderados y apropiados los espacios, como resultado de los talleres y las jornadas de limpieza, se llevaron a cabo actividades comunitarias como un torneo de futbol y cines foros comunitarios, atendiendo los valores del deporte y la solidaridad, actividad física y cuidado del cuerpo, la familia, la inclusión y la cohesión social para la prevención de la violencia.

-Conformar una red de participación comunitaria y de cohesión social para generar futuras acciones, que tengan un impacto positivo en sus vidas cotidianas y comunitarias.

Es evidente que por medio de este proyecto, se analizó y detectó la importancia de trabajar con los grupos vulnerados en Ciudad Juárez, siendo la prevención la mejor alternativa para disminuir los índices de violencia que actualmente se viven en la localidad. Trabajando de manera activa, ágil, innovadora, que responda con profesionalización a los desafíos que se le planteen y continuar desarrollando proyectos de intervención social que mejoren la calidad de vida y entorno social, principalmente de zonas que se no se encuentren visibilizadas.

En este orden de ideas, la población beneficiaria directa logro cambios positivos en sus condiciones de vida, aunque no se puede erradicar el nivel de delincuencia y violencia en cuestión de meses, con la conformación de Redes de Apoyo Comunitario se ha detectado un cambio dentro de cada comunidad del Sur Oriente en la forma de actuar y trabajar en unidad conllevando el crecimiento tanto de confianza como de convivencia vecinal, así obteniendo un ambiente sano, con visión en la participación social.

Sin dejar a lado que se ha generado cambios en las capacidades, conocimientos o habilidades de la población en situación de vulnerabilidad para mejorar sus condiciones de vida, siendo autónomos en la resolución de sus problemáticas, es decir, que ya conocen los medios necesarios para realizar gestiones ante sus necesidades y dar pronta solución a las problemáticas de su entorno.

Del mismo modo genero oportunidades de desarrollo, un

acercamiento hacia la cultura, deportes, cultura y formación referente a la interacción comunitaria, Cultura de la Legalidad y Seguridad Ciudadana. Con ello los beneficiarios, tuvieron la oportunidad de tener una visión más amplia sobre su entorno y mejorar su calidad de vida. Así mismo, se reflejó un cambio en la cultura machista que se vivía, en otras palabras, existió la equidad de género que se ve manifestada en las personas, destacando una relación vecinal donde se respeta las opiniones y decisiones de cualquier colono para dar su punto de vista sobre algún problema o situación que se estén solucionando. En efecto mejoro la convivencia armónica y la cohesión social; fomentando en todo momento respeto a la diversidad de ideas, como primordialidad.

Finalmente se reitera que sin el apoyo y disponibilidad de la población del Sur Oriente y dependencias gubernamentales tanto a nivel municipal a nivel federal, que contribuyeron al desarrollo y aplicación con éxito el modelo aplicado, no obstante, se recomienda que con mayor recurso humano y financiero se lograría crear un impacto social que beneficiaria de manera directa a más personas. Además es de suma importancia mencionar que las redes de apoyo que se crearon en base de este proyecto con líderes de la comunidad de Parajes del Sur, Praderas del Sol y Senderos de San Isidro se seguirá dando seguimiento, con el fin de mejorar la calidad de vida y mejoramiento de la relación vecinal.

Conclusiones

Derivado de la intervención realizada en la zona suroriente de Ciudad Juárez, para promover la interacción social y comunitaria, fortaleciendo la cohesión social e inhibir en la disminución de la violencia social y la delincuencia, se obtuvieron los siguientes resultados; no obstante, en nuestra ciudad, se sigue presentando un incremento en los indicadores de percepción de inseguridad, de acuerdo a los reportes y análisis que lleva a cabo de manera bimestral el Fideicomiso para la Competitividad y Seguridad Ciudadana (FICOSEC).

El reporte de incidencia delictiva de FICOSEC respecto a Ciudad Juárez, muestra un alto índice de delitos tales como homicidio doloso, del cual de las denuncias presentadas ante la Fiscalía General del Estado suman un total de 166 para todo el Estado, de las cuales 100 corresponden a nuestra ciudad. Las denuncias por narcomenudeo de igual manera se registraron un total de 635 en todo el Estado y 556 corresponden a Ciudad Juárez.

En materia de delitos contra la familia, nuestra ciudad también presenta un alto índice en este rubro con 565 denuncias y el total del Estado de Chihuahua son 1030, por lo cual, Ciudad Juárez concentra más de la mitad reportada en todo el Estado.

Durante el periodo enero-diciembre de 2018, cada uno de estos incidentes muestra el siguiente peso relativo respecto al total de llamadas de emergencia reales al 911:

a) Violencia contra la mujer: 1.07%

b) Abuso sexual: 10.03%

c) Acoso u hostigamiento sexual: 0.04%

d) Violación: 0.02%

e) Violencia de pareja: 1.83%

f) Violencia familiar: 4.01%

Las incidencias delictivas a nivel Estatal, Chihuahua específicamente, según datos obtenidos del Secretariado Ejecutivo del Sistema Nacional de Seguridad Pública, en su último corte del 31 de diciembre del 2018, en feminicidios, el estado de Chihuahua presentó 51 eventos en contribución a ese universo de 834 feminicidios a nivel nacional, que, en el Estado, la mayoría del rango de edad de las víctimas se categoriza de 18 años en adelante.

A nivel municipal, específicamente en el municipio de Juárez en Chihuahua, Datos obtenidos del Secretariado Ejecutivo del Sistema Nacional de Seguridad Pública, en su último corte del 31 de diciembre del 2018, (Próximo corte el 25 de febrero del 2019) considerado uno de los municipios más peligrosos en todo el mundo, lidera, pero empata con Culiacán Sinaloa, la tabla de los 100 municipios con mayor índice de feminicidios en México, Juárez con un total de 740,683 de población de mujeres en el 2018, los cuales, en ese mismo año, se cometieron 28 delitos de feminicidio que da una media de 3.78 delitos por cada 100 mil mujeres.

Aunque existe, La Ley General de Acceso de las Mujeres a una Vida Libre de Violencia es una ley de orden público, interés social y de observancia general en la República Mexicana, contiene los principios rectores para el acceso de todas las mujeres a una vida libre de violencia que son: La igualdad jurídica entre la mujer y el hombre; el respeto a la dignidad humana de las mujeres; la no discriminación, y la libertad de las mujeres. (Comisión Nacional para Prevenir y Erradicar la

Violencia Contra las Mujeres, 2018)

La violencia contra la mujer y las niñas está relacionada tanto a su falta de poder y control como a las normas sociales que prescriben los roles de hombres y mujeres en la sociedad y consienten el abuso. Las iniquidades entre los hombres y las mujeres trascienden las esferas públicas y privadas de la vida; trascienden los derechos sociales, económicos, culturales y políticos; y se manifiestan en restricciones y limitaciones de libertades, opciones y oportunidades de las mujeres. Estas inequidades pueden aumentar los riesgos de que mujeres y niñas sufran abuso, relaciones violentas y explotación, debido a la dependencia económica, limitadas formas de sobrevivencia y opciones de obtener ingresos, o por la discriminación ante la ley en cuanto se relacione a temas de matrimonio, divorcio y derechos de custodia de menores.

La violencia contra las mujeres y niñas no solo es una consecuencia de la inequidad de género, sino que refuerza la baja posición de las mujeres en la sociedad y las múltiples disparidades existentes entre mujeres y hombres. (Asamblea General de las Naciones Unidas, 2006)

Una variedad de factores de riesgo a nivel individual, de relaciones, de comunidad y de la sociedad (incluyendo los niveles institucionales/estatales) se intersecan para aumentar el riesgo de que mujeres y niñas sufran violencia. Estos factores, representados en el modelo sociológico son:

- Atestiguar o experimentar abuso desde la infancia (lo que está a asociado a que en el futuro los niños sean perpetradores de violencia mientras las niñas experimenten violencia contra ellas);

- Abuso de sustancias (incluyendo alcohol), asociado a una mayor incidencia de la violencia;

- Pertenencia de las mujeres a grupos marginados o excluidos.

- Limitadas oportunidades económicas (factor agravante para la existencia hombres desempleados o subempleados, asociado con la perpetuación de la violencia; y es un factor de riesgo para mujeres y niñas, de abuso doméstico, matrimonios forzados, matrimonios precoces, la explotación sexual y trata.

- La presencia de disparidades económicas, educativas y laborales entre hombres y mujeres al interior de una relación íntima

- Conflicto y tensión dentro de una relación íntima de pareja o de matrimonio

- El acceso inseguro de las mujeres al control de derechos de propiedad y de tierras.

- Control masculino en la toma de decisiones y respecto a los bienes.

- Actitudes y prácticas que refuerzan la subordinación femenina y toleran la violencia masculina (por ejemplo, la dote, pagos por la novia, matrimonio precoz)

- Falta de espacios para mujeres y niñas, espacios físicos o virtuales de encuentro que permitan su libre expresión y comunicación; un lugar para desarrollar amistades y redes sociales, vincularse a asesores y buscar consejos en un ambiente de apoyo.

- Uso generalizado de la violencia dentro de la familia o la sociedad para enfrentar los conflictos;

- Un limitado marco legislativo y de políticas para prevenir y hacer frente ante la violencia;

- Falta de sanción (impunidad) para perpetradores de la violencia.

- Bajos niveles de concientización por parte de los proveedores de servicios, así como de los actores judiciales y los encargados de hacer cumplir la ley.

- Los niños, niñas, jóvenes, mujeres y adultos no tienen forma de desahogarse, no hay suficientes espacios culturales y/o deportivos, por lo que se carece de infraestructura donde los jóvenes y las familias puedan concurrir a convivir, ejercitarse, dar un paseo. Aunado a esta problemática de violencia social, se ha incrementado la violencia de género y en contra de la mujer, que va desde el aspecto psicológico hasta maltrato físico. Es por ello, que también las intervenciones sociales se deben enfocar en mejorar las condiciones de vida de las mujeres, desde el sentido de sensibilización, organización y posteriormente ejercer liderazgos y mejorar en su entorno.

El resultado de la ejecución de este modelo, propone tomar de base los elementos teóricos de la implementación del método de intervención de María del Carmen Mendoza Rangel, dicha autora entiende a la comunidad como "una unidad social con una autonomía y estabilidad relativa, que habitan un territorio geográfico limitado y cuyos miembros mantienen relaciones directas y armoniosas, patrones de conducta comunes y código normativo que respetar" (Mendoza, 2002).

Sobre la base de la consideración anterior, y parafraseando lo planteado por Mendoza Rangel, la comunidad es una unidad social donde los habitantes tienden a tener comportamientos similares, puesto que su entorno es afín. Por ende, las personas que habitan un mismo territorio tendrán necesidades o problemáticas que les afecten a nivel comunal, ya sea en mayor o menor grado, no obstante, la mayoría de los colonos resultan afectados.

Por otro lado, la autora define el termino de desarrollo comunitario, como un arte, técnica, un método y un proceso a través del cual se llegan a conocer y priorizar las necesidades de una comunidad y se planean y desarrollan programas y proyecto específicos que den respuesta a dichas necesidades. Así mismo indica que los actores sociales del desarrollo comunitario serian, gobiernos, instituciones y los profesionales, entre los cuales se encuentran los trabajadores sociales, que incorporan su esfuerzo a los de la población para incrementar programas conjuntos.

En efecto para obtener un desarrollo en una comunidad es necesario implementar estrategias o métodos adecuados para hacer una intervención apropiada, además tener conciencia sobre los actores sociales puesto que es pertinente trabajar en conjunto para tener resultados satisfactorios ante un proyecto. También se hace mención sobre si la intervención comunitaria es un método o una metodología. Citando al autor Eli de Gortari, el concepto de método es:

"El procedimiento lógico, rigurosamente planeado y diseñado que se establece para descubrir las formas de existencia de los procesos objetivos de la realidad; desentrañar sus conexiones internas, generalizar y profundizar en sus conocimientos demostrar con rigor racional, así como para incidir en su desarrollo" (Gortari,1974).

Es decir que el término de metodología es definido como "el conjunto de métodos, técnicas e instrumentos", o puede conceptuarse como "la vinculación entre la técnica y la política" y otros más como "la teoría de la acción".

Con referencia a lo anterior, es importante tener conocimiento que parta de las dos perspectivas, puesto que debemos saber cómo será el procedimiento de la intervención social para así establecer objetivos y lograr resultados.

Retomando el proceso metodológico de la autora inicialmente citada, se encuentra que este se clasifica en tres etapas, las cuales son conocimiento, planeación e intervención, que tiene el propósito tener un proceso lógico y llevar a cabo las funciones correctamente y el alcance de los objetivos del agente social.

A continuación, se dará el desarrollo explicativo de cada una de las etapas del proceso metodológico:

Etapa I Conocimiento

Con las intervenciones realizadas con anterioridad en los sectores suroriente de Ciudad Juárez se han implementado técnicas e instrumentos, con el fin de adquirir conocimiento sobre las comunidades mencionadas anteriormente.

Etapa II Planeación

Para llevar a cabo un proyecto es necesario hacer una planeación, en esta etapa se menciona como se analizaron los datos obtenidos en las comunidades, para así mismo implementar métodos para la sistematización de información y así elaborar el proyecto presentado.

Etapa III Ejecución

Consta de cinco fases, es importante abordar las siguientes fases en el proceso de un proyecto, porque es pertinente mencionar como se realizaron las actividades.

- La primera es la organización donde se tuvo una coordinación y comunicación clara al momento de desarrollar el proyecto.

- La segunda fase es la ejecución la cual se planea iniciar en las diversas colonias vulnerables detectadas en el diagnóstico.

- La tercera fase es la supervisión mediante la observación y dialogo con los colonos para lograr los objetivos diseñados.

- La cuarta fase la evaluación, en esta fase se pretende analizar los resultados obtenidos por parte de los colonos.

- La última fase está la sistematización de la experiencia aquí se recabo toda la información obtenida sobre transcurso del proyecto y así seguir implementado programas a beneficio de las comunidades juarenses.

El presente proyecto fue una propuesta que articulo diversas acciones en beneficio de la comunidad de Ciudad Juárez Chihuahua, donde se logró intervenir desde un enfoque de desarrollo comunitario y participativo dirigido a niños, niñas, jóvenes, mujeres y adultos en situación de riesgo ante la violencia social que impera en la ciudad, con el objetivo de promover nuevas formas de interacción familiar, social y comunitaria, lo cual generó un entorno favorable y con ello, mayores oportunidades de desarrollo. A través de la prestación de servicios y apropiación de espacios comunitarios, fomentó la cohesión comunitaria, la cultura de la legalidad, en torno a la prevención de adicciones y la disminución del consumo de drogas, esto por medio de vertientes relacionadas con acciones de educación/formación para promover y dar herramientas para la resolución de conflictos de manera no violenta; una segunda vertiente para fomentar cohesión comunitaria, el fortalecimiento de los vínculos familiares para erradicar la violencia social y en contra de las mujeres.

Con el presente proyecto se atendieron beneficiarios de distintas colonias del suroriente de la ciudad, a través de la organización de actividades formativas, educativas, recreativas, deportivas y culturales, incidiendo de esta manera en la cohesión social y en la prevención de conflictos sociales y acciones delictivas.

Con el desarrollo de las diversas actividades se crearon las condiciones para favorecer la participación de las mujeres en distintos ámbitos, por un lado es fundamental mencionar la importancia respecto a la transmisión de conocimientos a las mujeres beneficiadas de este proyecto, sobre las diferentes temáticas que se señalan en las metas de este proyecto, donde se encuentran insertadas de igual manera temas que tienen que ver con intereses propios de las mujeres jóvenes, de hecho la experiencia nos ha demostrado que son las mujeres en el grupo social de los jóvenes quienes de manera más rápida comienzan a participar de manera muy constante y profunda en este tipo de proyectos de intervención, donde además comienzan a concientizarse de sus derechos y a empiezan a participar en sus diferentes ámbitos de vida; por otro lado los mismos talleres van sensibilizando a las mujeres sobre la manera de ir empoderándose en sus diferentes contextos, a partir de la socialización y la interacción en un contexto comunitario de equidad en los talleres de este proyecto.

El conjunto de actividades, talleres y acciones que se plantearon se encontraban de manera articuladas para generar un sistema preventivo que ofrezca a las y los beneficiarios opciones de vida para el desarrollo de manera integral donde se intervenga la vida de las personas en sus ámbitos básicos de vida, como lo son el hogar, la escuela, y el espacio público.

Es fundamental seguir trabajando en la base del entorno social y comunitario, fomentando el desarrollo de liderazgos comprometidos con su comunidad y su familia, para poder lograr cambios significativos en los indicadores de percepción y calidad de vida de nuestra ciudad.

Es por ello, que se plantea crear redes de apoyo comunitario en las colonias del suroriente de la ciudad, para fomentar la solidaridad, la cohesión social, la responsabilidad, armonía y fortalecer los lazos familiares para incidir realmente en la disminución delictiva y conductas de riesgo.

Bibliografía

Aristóteles. (1998). *La Política.* España: Alianza.

Bourdieu, Pierre. (2007). El sentido práctico. Argentina. Siglo Veintiuno.

Centro de Esudios Ecuménicos A.C. (2010). *Manual de las y los participantes.* México, D.F.: Centro de Esudios Ecuménicos A.C.

Cohen, J. L., & Arato, A. (2001). *Sociedad Civil y Teoría Polítca.* México: Fondo de Cultura Económica.

Cuevas, J. R. (11 de Septiembre de 2005). *MASIOSARE.* Obtenido de MASIOSARE: https://www.jornada.com.mx/2005/09/11/mas-jesus.html

Gonzalo, V. (2002). Hacía una teoría del capital social. *Revista de Economía Institucional,* 71-108.

Gortari, de Eli. (1974). Iniciación a la lógica: México, D.F. Grijalbo.

Mendoza Rangel, María del Carmen.(2002). México. Una opción metodológica para los trabajadores sociales. Asociación de Trabajadores Sociales Mexicanos A.C.

Olvera, J. Alberto. (Diciembre de 2009). La participación ciudadana y sus retos en México: http://www.gobernacion.gob.mx/work/models/SEGOB/Resourc e/946/4/images/b)Olvera_Entregable_2.pdf

Red Mexicana de Investigadores sobre Organismos Civiles . (1996). Sociedad Civil. *Sociedad Civil.*

Rodríguez Cardozo, L. (2017). El desarrollo de las ONG de México y su coincidencia con los Obejtivos para el Desarrollo Sostenible de Naciones Unidas. *CIRIEC-España, Revista de Economía Pública, Social y Cooperativa, núm. 91*, 59-84.

Strauss, Leo. (2006).Mexico, Fondo de Cultura Economica.

SOBRE LOS AUTORES

Guillermo Alejandro Núñez Estrada, Lic. En Administración Pública. Analista en El Diario de Juárez. Director Ejecutivo de Juventud Desencadenando Fuerza Social A.C. Participación de proyectos en colaboración con el Gobierno Municipal de Ciudad Juárez en materia de prevención del delito. Recibe comentarios en alejandro.judef@gmail.com

Luis Francisco Martínez Ruiz, es maestro en Administración y Lic. en Administración. Consultor de la Comisión Federal de Electricidad en el tema de Liderazgo. Profesor de Tiempo Completo de la Universidad Autónoma de Chihuahua, adscrito a la Facultad de Ciencias Políticas y Sociales. Recibe comentarios en lfmarti2000@uach.mx

Víctor Hugo Medrano Nevárez, es maestro en Comunicación Política e Ing. Industrial. Profesor de Tiempo Completo de la Universidad Autónoma de Chihuahua, adscrito a la Facultad de Ciencias Políticas y Sociales. Integrante del Grupo Disciplinar del Tercer Sector y Política Social de la UACH. Recibe comentarios en hmedrano@uach.mx

Rubén Borunda Escobedo, es maestro en Administración, Lic. en economía y Lic. en Filosofía. Profesor de Tiempo Completo de la Universidad Autónoma de Chihuahua, adscrito a la Facultad de Ciencias Políticas y Sociales. Integrante del Grupo Disciplinar del Tercer Sector y Política Social de la UACH. Recibe comentarios en ruborun@uach.mx

Made in the USA
Middletown, DE
30 December 2020

30322491R00066